JN012338

EMERGENCY BUSINESS SUCCESSION

社長が突然死んだら？

弁護士・公認会計士
伊勢田 篤史 著

はじめに

「俺は，絶対に死なないから」

　平成31年2月5日に中小企業庁が発表した資料（「事業承継・創業政策について」）によると，「今後10年の間に，70歳（平均引退年齢）を超える中小企業・小規模事業者の経営者は約245万人となり，うち約半数の127万人（日本企業全体の3分の1）が後継者未定……現状を放置すると，中小企業廃業の急増により，2025年頃までの10年間累計で約650万人の雇用，約22兆円のGDPが失われる可能性」があるとのことです。

　現在の日本社会において，事業承継が喫緊の課題であることは明らかでしょう。

　しかし，このような社会背景とは裏腹に，実際の現場において，事業承継と真摯に向き合い，真剣に取り組むことができている中小企業の経営者はどれくらいいるのでしょうか。事業承継対策の必要性について，頭では理解できているものの，「いつかやろう，そのうちやろう」という問題の先送りを繰り返すばかりで，事業承継に真剣に取り組むことができている経営者は少数のように思われます。

　以前，とある会計事務所主催のセミナーにて，「経営者の突然死に絡む事業承継」というテーマで講演をする機会をいただきました。セミナーの受講生は，事業承継対策に興味のある中小企業の経営者の方々ばかりでした。セミナー後，受講生の方から個別にお話を伺うと，現時点で事業承継対策に実際に着手できているわけではないが，中長期的なプランはできており，事業承継対策も問題はないという人がほとんどでした。

セミナーのテーマでもあるため，「中長期的なプランは良いと思いますが，もしもあなたが，突然倒れたらどうするのですか？」と聞いてみると，受講生の方々は，皆，口をそろえてこう言うのです。

「俺は，絶対に死なないから」

事業承継対策が進まない理由

　日本の中小企業において事業承継対策が進まない理由として，後継者不足等の問題がよく挙げられていますが，実際問題としては，この「俺は，絶対に死なないから」という一言に集約されているように思います。

　上記発言において，本当に死なないと考えている人は流石にいないかとは思いますが，その趣旨としては，「まだ十分に時間はある」，だから，「もう少し時間が経ってから事業承継については考えよう」というものが多いかと思います。

　2017年版中小企業白書においても，60代の中小企業経営者の方で，「後継者候補を探す時期ではない」と考えている方が3割，70代以上の方でも2割弱いらっしゃいます。

　健康寿命（健康上の問題で日常生活が制限されることなく生活できる期間）の問題はありますが，確かに平均余命からすれば，まだまだ働けるとの感覚を持つことも理解できます。実際に，平成29年における70歳男性の平均余命は15.73年となっています（平成29年簡易生命表）。

　15年もあれば，まだ事業承継対策は早いと思われるかもしれません。

　しかし，この15年，今と同じ能力を維持したまま生きられる保証

はありませんし，縁起でもない話ですが，突然亡くなる可能性も十分にあります。

「もしも，突然倒れたら？」という問いに対し，「俺は，絶対に死なない」というのは，「逃げ」でしかありません。

こうした問題の先送りが，事業承継が遅々として進まないという問題の根幹にあるものと思います。

本書の狙い

本書は，経営者の皆さんに，「自分が突然死んだら，会社は最悪どうなるのか」というワーストケース（最悪の状況）を体験してもらい，「事業承継対策」を真剣に考えるきっかけを作ってもらうことを目的としたものです。

中小企業の経営者をはじめ，その家族，会社役員，従業員等多くの方に本書を読んでいただくことで，「事業承継対策」を考えるきっかけとなれば幸いです。

令和3年2月

終活弁護士・公認会計士

伊勢田　篤史

目　次

はじめに

Episode 3
会社組織　**後継者は誰？**　　　57

第**3**章　代表取締役の選任　　63

第5章 相　　　続

110

X デー当日の時間経過とその後の動き

4月7

7:50

社長の奥さん
からの電話

> 今朝，主人が
> 亡くなりまして

9:05

資金繰りの相談
（税理士）

> どう管理すれば
> よいのでしょう？

13:00

生命保険の相談
（保険外交員）

> 保険の請求手続
> を説明しますね

第1章 当日対応
・当日の流れ
・日常業務の引継ぎ

p2~20

第2章　資金繰り
・会社の資金繰業務の引継ぎ
・突然死における資金繰りへの影響
・保険金請求の注意点

p21~56

5月16

14:00

相続と遺産分割の相談

> 相続財産だけど……調べてみたら，
> こんな感じだったよ

第5章　相　続
・相続に関する基本的な手続の流れ
・経営者の相続手続で注意すべきポイント
・相続税について

p104 ～ 128

16:10
後継者は誰？

> 代表取締役を選ぶのに
> 何か手続が必要？

第3章
代表取締役の選任
・後継者の選び方
・株主総会決議のやり方

p57 ～ 78

16:40
葬儀の相談

> 合同葬？　本葬？
> なんか，違いがあるんですか？

第4章　社葬（団体葬）
・社葬（団体葬）とは何か？
・社葬の必要性
・突然死後の社葬対応

p79 ～ 103

5月
26

13:00
M&A の相談

> 買い手候補者を探して，企業調査を
> 受けて，最後は株式譲渡という流れになります。

第6章　会社の売り方
・遺族が知っておくべき会社の売り方
・遺族に立ちはだかる3つの壁
・（補講）寝た子を起こすM＆A

p129 ～ 152

INTRODUCTION

　天内インダストリー株式会社は，板金加工一筋

35 年，従業員 30 名程度の中小企業。

　創業経営者の天内氏の確かな技術力と営業力で，

創業以来ずっと増収増益であったが，ここ数年は

低迷。

　そんな状況のなか，最悪の事件が発生した……

東尾工場長
天内インダストリー株式会社の技術を支える工場長（58歳）
技術以外の事務等にも詳しい。

天内　松子
天内社長の妻で専業主婦（66歳）
社長とはお見合い結婚。結婚前は百貨店勤務。

山原総務部長
天内インダストリー株式会社の総務部長（50歳）
10年前に転職により入社。

 東尾
「はい，東尾です。奥様，おはようございます。まだ，社長はお見えではないですが……」

 松子
「実は，今朝，主人が亡くなりまして……今，東京のKO病院におります。」

「え？　そんな……昨日もあんなに元気に……」

「私も，真夜中に突然連絡を受けまして。頭を打って，当たり所が悪かったらしく……」

「かしこまりました。すぐにKO病院に向かいます。」

「ありがとうございます。では，後ほど（ガチャ）」

「えらいことになった。おっと，朝礼の時間か……どうすればいいんだ……」

 従業員
「大きな声出していましたが，どうしたんですか？」

2

「社長の奥さんから……今朝，社長が亡くなった。不慮の事故らしい。」

「えええー！　そんな，昨日まであんなに……どうすればいいんでしょう？」

「私にもわからん……とにかく，病院に行ってくる。」

「朝礼はどうすれば……もう社員が集まってきますよ。」

「今日の指示だけは出しておこう。社長の話はどうしたらよいものか……」

「まぁ，いずれわかることですし。嘘ついても仕方ないことではないでしょうか。」

「それもそうだな，よし，朝礼に行こうか。」

　　……

「おはようございます。今日も，一日よろしくお願い致します。えー，唐突な話だが，今朝社長が亡くなったと連絡が入った。」

（社員一同）え……ざわざわ……

「まだ電話が入ったばかりで，状況がわからない。とにかく，これから私は病院に行くから，みんなはいつもどおりに業務をこなしてくれ。F社の納期が迫っているはずだから，F社の製品を優先して対応してほしい。」

従業員 「すみません，天内インダストリーはこれからどうなるんですか！？」

「私に聞かれても……とりあえず，病院に行って，社長の家族と話をしてくる。私も不安な気持ちは一緒だが，今は，目の前の仕事に集中してほしい。それでは，今日も一日よろしくお願いします。あ～，総務の山原部長，会議室までちょっと……」

山原 「はい，今行きます……」

「いや～，えらいことになった……」

「社長が亡くなったって，本当なんですか？」

「社長の奥様からの電話だ。間違いないだろう。今後のことを考えなくてはならないな。」

「今後といっても……どうすればいいのか，見当もつかないですよ。」

「私も，どうしていいかわからない。とりあえず，病院に行ってくる……今日のことは頼む。」

「かしこまりました。適宜，連絡をお願いします。」

天内　彰浩
天内インダストリー株式会社　代表取締役社長（68歳）
ゼロから会社を立ち上げた創業経営者。無類の酒飲みで休肝日は
0日。なお，恐妻家。

案内人
亡くなった天内社長の前に，突然現れた謎の黒ずくめの男。経営
者が突然死した場合の事業継承等に詳しく，歯に衣着せぬ物言い
が特徴的。

天内
「あれ，何がどうなっているんだ……俺はここにいて……」

案内人
「天内社長ですね。残念ながら，社長は昨夜，お酒を飲みす
ぎたせいで頭を打って亡くなっています。」

「何を言って…って，どちらさまですか？」

「私は……そうですね，「案内人」とでも名乗っておきましょ
うか。にしても，会社内が混乱していますね。」

「本当に，私は死んでしまったのか。」

「はい，今，社長の遺体はKO病院にありますが，魂だけが
会社に来ている状態ですね。だから，社員の皆さんの動きが
見られるでしょう。」

「うーん……いまだに信じがたいが……私が死んだら，会社
はどうなるんだ……」

「事業承継の途中だったんですか？」

「何言っているんだ，私は，まだ68ですよ。現役バリバリ……」

「まだ68歳じゃなくて，もう68歳ですよ。現に，亡くなったんですから。」

「で，でも……」

「まぁ，日本中の中小企業経営者のほとんどが社長と同じですから。まだまだ自分はやれる，生涯現役だってね。もちろん，生涯現役自体が悪いわけではないけれど，人の命は永遠ではないのだから，いつ倒れても会社が続けられるような対策を取っておく必要があるんですよ。事業承継対策と並行してね。」

「はぁ……いつ倒れてもよいような対策ね……」

「まぁ，せっかく亡くなったのですから，社長の会社の行く末をちょっと見てみましょうよ。」

「私がいない天内インダストリーはお終いですわ。」

「そうですか……では，会社も破産して，ご家族も従業員の皆さんも路頭に迷うかもしれませんね。」

「なんて不謹慎なことを……」

「だって，お終いなんでしょう？ さて，残されたご家族や従業員の対応を見ていきましょう。見事に，全くダメダメな対応っぷりがいいですね。」

「何が，ダメなんだ！？」

「あれ，怒ってます？ でも，社長が，『万が一』のときの対策を怠っていたから，こんな風になってしまうんです。」

「『万が一』のときの対策なんて，縁起でもないことを……」

「縁起でもないと言って何も対策しないから，こうした縁起でもない結果を生んでしまうんですよ。
工場長の東尾さん，経営者の訃報を受けて，すぐに従業員に発表しちゃいましたよね。ほら，工場の従業員さん，みんな手が止まっているでしょう。あ～あの人は，転職サイトをスマホで開いていますよ。今後の方針もなく，いきなり亡くなったと発表されても，従業員さんは動揺するだけですよね。」

「あいつ……まぁ，でもそれはそうだな。」

「東尾工場長と山原総務部長，結局話し合いにならないまま，東尾さんが病院に行くことになりましたけど……従業員に発表したり，遺族に会いに行ったりする前に，会社内で検討しておくべきことが山のようにあるでしょう。」

「え？ 例えば……？」

「社葬とか，会社内外の発表のやり方とか，あと，社長の業務の引継ぎも重要ですよね。」

「私の業務の引継ぎ？」

「社長が亡くなったのだから，社長の業務は誰かがやらないといけないですよね？
なんでもかんでも自分でやってしまう社長さんは多いですが，いざ亡くなってしまうと，その業務をゼロから引き継がないといけなくなっちゃいますよね。」

「まぁ……そうだな。」

「日常業務をやってしまう経営者の方は，自分が倒れたときのために，自分の代わりに日常業務をやってくれる『スーパーサブ』を育てておかないと，こういうときには大変なことになりますよ。」

「なるほどね。」

「あ……そういえば，社長のスマホはご家族に見られても大丈夫ですか？」

「ああああ……それはまずい……案内人さん，私のスマホを今すぐ破壊してください！」

「あらあら……それは，できませんねぇ。」

1　当日の流れ

■ はじめに

　経営者が突然亡くなったら……縁起でもないですが，このような
ケースで，会社関係者はどう対処すればよいのでしょうか。

　もちろん，各社によって，置かれている状況や求められる対応は
様々であり，絶対的な正解は存在しませんが，経営者が突然亡く
なった場合における基本的な対応方針について解説します。

② Xデー当日の基本的な流れ

　経営者が突然死した日（Xデー）の基本的な流れは，以下のように
なります。

経営者の訃報　▶　今後の方針の検討　▶　決定した方針の実施

ア　経営者の訃報

　役員クラス・管理職クラスの会社関係者に訃報の第一報が入った
場合には，速やかに，「今後の方針の検討」段階に入ることになり
ます。仮に，一般の従業員等が認識し得る状況において，訃報の第

一報が入った場合には，当該従業員に対する口止めを検討する必要
があります。

　なぜなら，後述のとおり，当該従業員から「経営者の突然死」に
関わる情報が社内外に漏れることで，今後の対応に支障が出る可能
性があるためです (P12)。

イ　今後の方針の検討

　経営者の訃報を受けて，以下のとおり，速やかに今後の対応につ
いて検討する必要があります。

検討メンバー
の決定　→　検討事項
（範囲）の決定　→　検討事項
の協議

① 　検討メンバーの決定

　まず，今後の対応を検討するうえで，検討に加わるメンバーを
決定します。

　会社規模にもよりますが，基本的には取締役等の役員が中心と
なるでしょう[1]。人数が多くなればなるほど，協議がまとまらず，
検討に時間がかかってしまう可能性もあることから，管理職クラ
スの従業員も含め3～5名程度が目安となります。なお，後述の
とおり，経営者の遺族との連携が必要不可欠となることから，メ
ンバーのうち1名については，経営者の遺族とスムーズに連絡が
できる役員・従業員を選ぶとよいでしょう。

1　亡くなった経営者以外に役員がいない場合には，管理職クラスの従業員が中
　心となります。

② 検討事項（範囲）の決定

　検討メンバーを決定し，メンバーを集めたところで，今後の対応について検討するための緊急会議を開くことになります。

　このような緊急会議については，「結果」を出すことが最優先となり，悠長に時間をかけることができません。そのため，まず，❶会議終了時間と❷当日検討すべき事項の範囲（優先順位）を決定し，速やかに検討事項の具体的な協議に入ります。

　当日に検討すべき事項の範囲については，以下のような形が考えられるでしょう[2,3,4]。

優先順位	検討事項例
A	・遺族との連絡方法 ・葬儀の方法（社葬開催の有無） ・会社内への伝達方法 ・会社外への伝達方法 ・経営者業務の引継ぎ
B	・資金繰りの把握（P30 参照） ・代表取締役の選定（P63 参照）
C	・経営者の退職金・弔慰金（P46参照）

2　会社によって，優先順位のつけ方は様々です。その場で次の代表取締役を選定する株主総会等を開催し（P65），次の日には金融機関へ挨拶に行くといったケースも考えられます。

3　協議段階で，検討すべき事項に気が付くケースはよくあります。このような場合には，その場で決定すべき事項かどうかを速やかに決定し，適宜協議するとよいでしょう。

4　表の優先順位でB，Cとした項目（次章以降の項目）については，当日検討ができない場合には，適宜検討を行う必要がある点に注意が必要です。

③　検討事項の協議

　上記のとおり，会議終了時間と検討事項の範囲（優先順位）を決定した後は，残された時間を使い，優先順位の高いものから，検討事項について協議・決定をしていくこととなります。以下，特に優先順位が高いものについて解説します。

❶　遺族との連絡方法

　経営者の死後においては，後述のとおり，経営者の遺族と連携を図りながら，対応しなければならない場面が非常に多くなります（P97）。

　そこで，遺族との連絡担当者を1名決め，連絡の窓口とするとスムーズです。基本的には，会社のナンバー2や古参の従業員（管理職）が担当する形が理想といえます。なお，遺族が役員や従業員として勤務している場合には，その遺族が連絡担当者となります。

❷　葬儀の方法（社葬開催の有無）

　中小企業経営者の死亡時における社葬は，非常に重要な「行事」となります（P85）。

　会社内において，社葬開催の有無や基本的な方針について協議し，速やかに遺族と調整を図りましょう（P97）。

❸　会社内への伝達方法

　会社内，すなわち従業員への伝達方法について，「いつ」「誰が」「どこで」「どのように」伝えるかを検討しなければなりません。

　経営者の死については，隠し通せるものではないため，速やかに伝達することが望ましいといえますが，下手に伝達すれば，従業員内に動揺が広がる可能性があります[5]。

　従業員の動揺を最小限に抑えるためにも，経営者の死亡の事実と共に，今後の会社の基本的な方針等を合わせて説明できるように配慮し，不安を少しでも和らげるように対応します。

❹ 会社外への伝達方法

　経営者死亡の事実は，会社外の取引先等にも重大な影響を与えます。

　そのため，社内への公表以上に，いつ，誰に，どのように連絡を行うべきか，慎重に判断する必要があります。また，通常，死亡の連絡とともに，葬儀の案内も合わせて行います。

　取引先等の会社外への連絡については，葬儀に関する基本的な方針が固まり，葬儀の案内等に対する社内の体制が整ってから行うとよいでしょう[6]。

01 Column
会社外への伝達方法の具体的な流れ

　会社外への訃報の連絡については，以下のような流れで行うとスムーズでしょう。

連絡先名簿作成　→　担当者選定　→　連絡・調整

　まず，取引先に対し，漏れなく，重複なく，連絡ができるよう，取引先の連絡先名簿を作成します。もちろん，取引先一覧のような資料があ

5　例えば，本ストーリーのように，朝礼でいきなり訃報だけを伝達すれば，その日の業務に支障が出ることは明らかです。

6　取引先への葬儀の案内が漏れてしまった場合には，取引先との関係性次第では，取引継続が困難となる可能性もあるため注意が必要です（P101）。

れば，代用は可能です。

　次に，各取引先への連絡について，担当者を選定します。得意先については営業部，仕入先については資材部等，普段からやり取りをしている担当者を選定するとスムーズでしょう。

　最後に，各担当者で手分けをして，全取引先へ訃報・葬儀の連絡を行い，出欠等の調整を行うこととなります。

　なお，税理士等の顧問がいる場合には，速やかに経営者死亡の連絡を行い，今後の対応について専門的な立場からのアドバイスをもらうとよいでしょう。

❺　経営者業務の引継ぎ

　小規模な会社の場合，経営者自身が第一線で営業回りを行っている等，日常的に行われている業務（以下，「日常業務」といいます）を担っているケースが散見されます。このようなケースにおいては，経営者死亡後も，日常業務に穴をあけないよう，速やかに引継ぎを行う必要があります。なお，経営者業務の引継ぎについては，次節にて，解説します。

ウ　決定した方針の実施

　上記のとおり協議した方針に基づいて，会議終了後から速やかに対応を行う必要があります。

　なお，担当者間で実施状況を共有しながら，進めて行く形となります。

② 経営者による日常業務の引継ぎ

■ はじめに

　経営者が突然死した場合，生前に経営者が行っていたすべての業務の引継ぎを速やかに行う必要があります。特に，緊急性を要するのは，経営者が担っていた日常業務に関する部分です。日常業務がストップしてしまうと，会社の信用に関わる重大な問題に発展しかねません。

　小規模な会社においては，経営者自ら日常業務の一端を担っていることは珍しくありません。本節では，経営者が担っていた日常業務に関する引継ぎについて解説したいと思います[7]。

② 日常業務の引継ぎの流れ

　経営者による日常業務の引継ぎについては，以下のような流れで行うとスムーズでしょう。

7　むしろ，このような業務の引継ぎが必要となること自体，望ましいことではありません。（生前から，経営者として）日常業務の担当から外れ，会社経営に集中できる環境づくりが急務といえます。

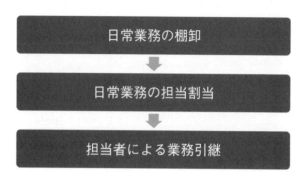

3 日常業務の棚卸

　まず，日常業務の引継ぎに「漏れ」がないよう，日常業務の棚卸を行います。

　どのような形であっても構いませんが，一例として，事業部制を採用している会社の場合には，以下のような表を作成し，事業部の本来の担当業務ごとに経営者が行っていた業務を書き出して整理するとよいでしょう[8]。

8　「受注⇒生産⇒納品⇒請求」等といった日業業務の流れを意識した形で棚卸ができると，より網羅的に検討ができるでしょう。

事業部	経営者が行っていた業務内容（例）
製造部	・新製品の承認 ・経営者が技術者であった場合，特殊な製造実務 ・生産管理（優先順位付け）
品質管理部	・客先との品質会議への出席（経営者も出席が必要な場合もあり）
営業部	・業績管理　・営業活動（ゴルフコンペ参加等） ・トップ営業（リスクが高い案件など）
総務部	・請求書管理　・資金繰管理　・人事考課 ・実印管理　・銀行交渉　・手形管理 ・経営計画検討，策定，共有

4 日常業務の担当割当

　次に，日常業務の棚卸を行った後は，各業務の担当割当を行います。

　もちろん，既に後継者が決まっている会社については，その後継者が対応すればよいため，担当割当は特に問題とはなりません。

　しかし，後継者が育成できていないケースやそもそも後継者が決まっていないケースにおいては，日常業務に穴をあけないためにも，日常業務を代行する担当者を速やかに決定する必要があります。なお，特定の従業員に負担が集中しないよう，可能な限り分担して行う必要があります。

担当割当例)

事業部	経営者が行っていた業務内容	担当者
製造部	・新製品の承認	工場長
品質管理部	・客先との品質会議への出席	品質管理部長
営業部	・業績管理 ・営業活動（ゴルフコンペ参加）	営業部長
総務部 （財務部）	・請求書管理　・資金繰管理 ・人事考課　・実印管理 ・銀行交渉　・手形管理	総務部長 （財務部長）

5 担当者による業務引継

　業務引継といっても，前担当者である経営者は死亡しているため，各業務の進捗状況もわからなければ，業務引継書もありません。

　特に，進捗状況については，経営者のパソコンやスマホ等から会社の業務データ等にアクセスし，手探りで一つ一つの状況等を確認していかなければなりません。これらのデータに適時にアクセスができない場合には，日常業務に支障が生じる可能性があり，注意が必要です。

　万が一に備え，日常業務が止まることのないよう，「後継者」が決まらないうちは，日常業務を任せられる「スーパーサブ」（経営者に万が一のことがあった場合に，経営者の日常業務を代替できる人材）を育成しておくとよいでしょう。

02 Column

経営者が知らないとヤバイ, 「デジタル終活」

■あなたは, パソコン・スマホを残して死ねますか?

　会社経営者に限らず, 「ギクッ」とされる方は多いかもしれません。あのデータだけは, 引き継いでおきたいのに……という方もいれば, あのデータだけは, 絶対に見ないでくれ……という方もいるかと思います (会社経営者の場合, 後者の方が多いかもしれません)。

　特に, 中小企業の会社経営者のパソコンやスマホ内には, 業務に関係するデータが多数保存されているケースが多く, 万が一の場合には, 早急にパソコンやスマホ内のデータを確認する必要があります。

　このため, 経営者においては, 万が一の場合に備えて, パソコンやスマホのパスワードとともに, 業務データの確認方法等を共有しておく必要があります。これが, 「デジタル終活」です。

■もしも, パソコンやスマホのパスワードがわからなかったら……

　残念ながら, 万が一の場合に備えて, 「デジタル終活」をしている経営者は皆無でしょう。

　パソコンやスマホのパスワードがわからない場合, どうすればよいのでしょうか。

1　パソコンについて

　まず, パソコンについては, パソコンの機種等にもよりますが, データ復旧会社に持ち込めば, パスワードロックを解除してくれます。そのため, 経営者のパソコンのパスワードがわからない場合には, 速やかにデータ復旧会社とコンタクトを取り, パスワードロック解除やデータ復旧を依頼するとよいでしょう。

2　スマホについて

　次に, スマホについては, 基本的に, データ復旧会社でもパスワード

ロック解除は難しいとされているようです。

　なお，経営者の遺族において，「近親者の誕生日」等にあたりをつけて，スマホのパスワードロックの解除を試みる場合には，最大でも3回程度の入力にとどめておきましょう。なぜなら，スマホによっては，パスワードを複数回間違えるとデータを初期化するという機能が備わっており，故人のスマホで，このような機能が設定されていると，最悪の場合データがすべて初期化されてしまう可能性があるためです（パスワードロック解除の失敗回数が多くなると，データ復旧のハードルがさらに高くなるようです）。

■見られたくないデータをどうすべきか？

　パソコンやスマホ内には，引き継ぐ必要のあるデータと見られたくないデータが混在しており，後者のデータを見られたくないために，パスワードを共有したくないという人も多いのが実情です。

　しかし，データの処理方法を具体的に指示する等，適切に「デジタル終活」を行うことで，この「見られたくないデータ」を死後に確認される可能性を減らすことは可能です。「立つ鳥跡を濁さず」を心がけたいものですね。

資金繰りについての相談（税理士へ）

山原総務部長
天内インダストリー株式会社の総務部長（50歳）
10年前に転職により入社。

縦張税理士
天内インダストリー株式会社の顧問税理士（42歳）
税務のみならず，M&Aにも詳しい。

山本外交員
天内インダストリー株式会社の生命保険会社担当者（40歳）
みかんが大好物。

 山原
「天内インダストリー総務部の山原です。」

 縦張
「珍しいですね，こんな時間にお電話を頂くなんて。」

「実は，弊社の天内が，昨晩亡くなりまして……」

「え？　本当ですか……それは……」

「いま工場長の東尾が病院に向かっております。」

「そうですか……後任はどうなるのでしょうか。一応，銀行関係に早めに連絡を入れておいた方がいいですね。」

「ありがとうございます。ところで，ずっと天内が資金繰りの管理をやっていたもので，社内で誰も資金繰りを把握できていないのです。何かご存知ですか？」

「いえ，基本的にノータッチですね。ただ，経営者借入金の残高がここのところ増加しているようでしたので，気を付け

た方がよいかもしれません。」

「資金繰りって，どう管理すればよいのでしょうか？」

「資金繰表を作成してみてはいかがでしょうか。よろしければ，日本公認会計士協会近畿会が公表しているひな形をお送りしましょうか？」

「ありがとうございます。ひな形を見れば，作り方はわかりますか？」

「山原さんは，経理も担当されているので簡単かと思います。経理経験がないと，難しいかもしれないですが。」

「変なプレッシャーが……」

「月次のものと日次のものがありますが，資金繰りに特に不安がない限りは，月次のものを作成すればよろしいかと思います。結局は，現預金（資金）残高の動きなので，過去の銀行口座の取引明細や通帳をベースに，総勘定元帳や請求書等を確認しながら作成されるといいでしょう。
過去２か月分くらい作成すれば勝手がわかりますので，将来分の作成がスムーズになると思います。」

「なるほど。」

「余裕があるときに，過去１年分作れば年間の大きな動きがわかります。それをもとに将来の半年分，１年分を作成していけば当面の資金の動きは押さえられます。」

「資金繰りに不安のある場合は，どうすればよいのでしょう？」

「日次のものを作成するのがいいでしょう。」

「日次ってことは，資金の毎日の流れを追っていくという形になりますか？」

「そうですね。月初と月末で現預金残高がプラスでも，月中にマイナスとなる可能性もありますので。」

「早急に作成して，資金繰りを把握します！　ありがとうございます。」

「当然ですが，経営者が亡くなると資金繰りに影響が出ます。注意してくださいね。」

「と申しますと……」

「そうですね……社葬を開催するのであれば，社葬費用が掛かります。あとは，天内さんに対する死亡退職金や弔慰金の支払も検討しなくてはならないでしょう。自社株の買取りが必要となる場合もあります。
また，経営者の突然死ということであれば，対外的には，取引先との取引継続等が問題となる可能性があります。対内的には，従業員退職にかかる退職金の支払が発生する恐れがあります。金融機関から借入金の一括弁済を求められるかもしれませんし……」

「ちょっと待ってください！　お金が出ていくばかりじゃないですか……そんなの支払えませんよ。」

「そんなときのために生命保険があるのです。確か，毎月生命保険料の支払をしていたはずです。」

「あぁ確かに。SP生命保険さんの保険に入っていましたね。」

「早急に確認されるといいと思いますよ。」

「ありがとうございます。早速確認します。」

山本
「SP生命の山本と申します。この度は，ご愁傷様です。突然のことで，私も大変驚いております……」

 山原
「突然の連絡にもかかわらず，お越しいただきありがとうございます。」

「社内も大変かと思いますので，手短に保険請求の手続について説明いたしますね。」

「天内のデスクのなかから，保険証券が2つ見つかりまして……」

「2つ……あぁ，そのうちの1つの保険は，つい先日解約されていますよ。」

「え……そうなんですか？」

「はい。掛け捨ての3億円の方です。」

「あー，そうなんですか……3億円あれば……」

「別の終身保険の方で契約者貸付の制度を利用すれば，まだお支払できますということは，お伝えしたのですが……」

「そうなんですか……まぁ仕方ないですね。」

「では，残っている保険の請求手続を説明します。こちらは，現在で5,000万円ほどの保険金のお支払となります。こち

らが保険金の請求書で，こちらが記入例になります。」

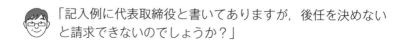「記入例に代表取締役と書いてありますが，後任を決めない
と請求できないのでしょうか？」

「はい，そうですね。まだ，後任は決まっていないのです
か？」

「はい……早急に対応しますね。請求してどのくらいで支払
われるのでしょうか？」

「5営業日程でお支払できると思います。」

「ほかに必要な書類はありますか？」

「まず，請求書のこちらに今回の保険契約で使用された実印
を押印する必要があります。」

「実印は社長の机のなかだな……机の鍵を見つけないと……」

「次に，死亡診断書の写しが必要となります。」

「死亡診断書……ご家族に連絡しないと……」

「そうですね。基本的には亡くなった方のご親族でないと病
院へ請求できないはずです。あと，振込先ですが，銀行借入
をされているメインバンク以外の銀行口座はありますか？」

「はい。何個かあると思います。」

「では，そちらの銀行口座を「振込先口座」に指定されると
よろしいかと思います。」

「へ～，なぜですか？」

「社長死亡による貸倒リスクが高いと判断された場合には，
借入金の一括弁済を求められてしまう可能性があるためで
す。その場合，銀行口座に入金された保険金は，全額貸付金
の弁済に充てられてしまいますので，念のため，借入のない
銀行に入金された方がいいでしょう。」

「えっ，そんなことがあるのですか？」

「まぁ，銀行側も最後の手段として使うようなので，よほど
のことがない限りは大丈夫だとは思いますが……念のため。」

「かしこまりました。ありがとうございました。」

「資金繰りか……早めに対応できてよかったな。」

「誰かに資金繰表を作ってもらってなかったんですか？」

「お金まわりは，従業員には任せられませんよ。全部，私が管理していました。」

「小規模な会社では，社長が管理している場合もまだまだ多いですが，いつも困るのは従業員の皆さんですね。」

「そんなお金の計算なんて……」

「『やるな』とは言いませんが，社長に何かあった時に誰もできなくなるのは問題でしょう？」

「まぁ，そうだが……」

「生命保険，解約してしまっていたんですね……解約した途端に亡くなるケース，意外にも多いんですがね。」

「なんと……解約しなければよかった……」

「掛け捨ての３億円はもったいなかったですね。これだけの資金があれば，当面は安泰なのに。契約者貸付の話も聞いていたんですよね？」

「資金繰りで色々と面倒になって……えいやで……」

「なんの『えいや』ですか……」

1 半日で引き継ぐ，会社の資金繰業務

■ はじめに

　中小企業にとって，「資金繰り」は最重要経営課題の1つであり，資金繰りの状況については常に管理できていなければなりません。

　しかし，中小企業のなかには（特に規模の小さい会社においては），経営者だけが会社の資金繰りを管理し，他の役員を含め，従業員が資金繰りを一切把握していないというケースが見受けられます[1]。

　このような場合には，早急に，後継者等が資金繰りの管理業務を引き継ぐ必要があります。本節では，資金繰りの管理方法について解説します。

■ 資金繰りの重要性

　「資金繰り」とは，会社の資金（「現預金」をイメージされるとよいでしょう）の入金（入り）と出金（出）の流れに注意しながら，資金残高がマイナスにならないよう調整することをいいます。

　では，資金繰りに失敗すると，つまりは現預金残高がマイナスに

---

[1] 経営者が会社の資金繰りを全く管理していないケースもありますが，このようなケースであっても，資金繰りの管理（把握）は必要不可欠です。

なると，どのようなことになるのでしょうか。

　一言でいえば，会社が，負債（会社が外部の第三者に対して負っている支払義務等）を返済できなくなり，最悪の場合には会社がいわゆる「倒産状態」となります。実際，中小企業の倒産のほとんどは，資金繰りの悪化によるものです。

　会社を倒産させたくなければ，どのような状況であれ，会社の資金繰りをしっかりと把握・管理し，常に資金残高がプラスになるよう対処する必要があります。

03
Column

「資金繰り」を数字で体感してみよう

　資金繰りについては，なかなかイメージしにくいという人も多いかと思います。

　そこで，設例を用いて，1か月の資金の流れを考えてみましょう。

【設例①】

　月中に以下の①～⑤の取引が行われた場合，資金繰りに問題がないか検討してください。なお，月初の資金残高を100円とします。

① 商品等の売上による現金収入としての「売掛金の回収」200円の入金

② 会社の事務所家賃の支払として，40円の出金

③ 材料等の仕入による現金支払としての「買掛金の支払」60円の出金

④ 従業員への給料支払としての「給与支払」100円の出金

⑤ 銀行からの借入の弁済として，20円の出金

【解答①】

(結論)「資金繰り」に問題なし

(理由)資金残高が，一度もマイナスとならなかったため

	月初	売掛金回収	家賃支払	買掛金支払	給与支払	銀行借入弁済	月末
取引		200	▲ 40	▲ 60	▲ 100	▲ 20	
残高	100	300	260	200	100	80	80

【設例②】

　月中に以下の①～⑤の取引が行われた場合，資金繰りに問題がないか検討してください。なお，月初の資金残高を 100 円とします。

　① 会社の事務所家賃の支払として，40 円の出金

　② 材料等の仕入による現金支払としての「買掛金の支払」60 円の出金

　③ 従業員への給料支払としての「給与支払」100 円の出金

　④ 商品等の売上による現金収入としての「売掛金の回収」200 円の入金

　⑤ 銀行からの借入の弁済として，20 円の出金

【解答②】

(結論)「資金繰り」に問題あり

(理由)資金残高が，マイナスとなっているため（従業員給料が支払えない状況になっているため，給与支払の前に 100 円以上の資金を調達する必要がある）

	月初	家賃支払	買掛金支払	給与支払	売掛金回収	銀行借入弁済	月末
取引		▲40	▲60	▲100	200	▲20	
残高	100	60	0	▲100	100	80	80

【まとめ】

　月中の取引が同じであっても，そのタイミング次第では，資金残高がマイナスとなってしまう可能性があります。月末の資金残高だけでなく，月中の資金残高がマイナスにならないよう，常に「資金繰り」を管理する必要があります。

　なお，以上のとおり，資金繰りとは，あくまで「現金の流れ（キャッシュ・フロー）」であり，必ずしも，利益の多寡とは関係ありません。利益が出ているから，資金繰りに問題はないということにはならない点に注意が必要です。

04 Column
特に資金繰りに注意すべき会社

　以下の事項が当てはまるという会社は，特に資金繰りについては注意が必要です。早急に資金繰りの把握に努めてください。

① 生前，経営者が「資金繰り」についてネガティブな発言をしていた場合

② 金融機関からの借入金に対し，返済スケジュールの変更（いわゆるリスケ）を行っていた場合

③ 生前，経営者が銀行への出入りで忙しくしていた場合

④ 売掛金の早期回収の指示がされていた場合

⑤　従業員への給与の遅配

⑥　税金等の滞納がある場合

⑦　会社の経営者借入額が増えている場合

　なお，最近ではだいぶ減りましたが，会社において，支払に小切手や手形を利用している場合には，特に注意が必要です。半年以内に２回支払ができなくなる（不渡りといいます）と，２年間，銀行との当座勘定取引等ができなくなり，事実上の「倒産」状態に陥る可能性があるためです。

③　会社の資金繰状況をいかに把握するか

　上記のとおり，会社の資金繰管理の影響の大きさから考えれば，資金繰管理を行っていた経営者が突然亡くなった場合には，資金繰りの把握を最優先で行う必要があります。

　では，残された従業員は，どのようにして資金繰りを把握・管理すればよいのでしょうか。

　このような場合には，以下のとおり，３つのステップで資金繰りの把握・管理に努めましょう。なお，基本的には，どのような形式のものであれ，「資金繰表」を作成してみることが一番の近道です。以下，各ステップについて解説していきます。

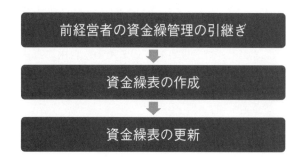

ア　前経営者の資金繰管理の引継ぎ

　まず，亡くなった経営者が，どのように資金繰りを管理していたかを調査します。

　もしも，前経営者が，会社の資金繰りが一目でわかる資料を作成していた場合には，別途資金繰表を一から作成する必要はなくなるかもしれません。

イ　資金繰表の作成

　上記アにより，資金繰状況の把握ができない場合には，別途，新たに資金繰表を作成する必要があります。

　インターネットや書籍などに，資金繰表のひな形がたくさんありますので，使いやすいと思ったものを利用するとよいでしょう。なお，以下には，参考までに，日本公認会計士協会近畿会が公開している「改定資金繰表」のひな形を掲載いたします（https://www.jicpa-knk.ne.jp/download/download04.html）（P38〜43）。

　月次のものと日次のものがありますが，資金繰りに重要なリスクがないと思われる場合には，簡便的に月次のものを作成するとよいでしょう。一方で，資金繰りに不安がある場合には，作成が面倒で

はありますが，日次のものを作成し，細かく資金繰りを管理しましょう。

　こちらは，エクセルで公開されているため，自由に書式の変更を行うことが可能です。会社ごとに科目等の調整を行いながら，作成するとよいでしょう。

　以下の作成方法を参考に，まずは過去数か月分を作成することをお勧めします。過去分であれば，各日の現金の流れを確実に把握することができるとともに，どのタイミングで，どのような入金や出金があるかの感覚をつかむことができるためです。

　過去分で資金繰表の作成方法を理解したうえで，将来分の資金繰表を作成するとスムーズです。

①　過去分の資金繰表の作成方法（日次）[2]

　(1)　預貯金の通帳等から，各日の資金残高を確認し，各日の資金残高として入力します。

　(2)　入金や出金があった場合には，その入金元・出金先を確認し，「収入」や「支出」の欄から，その性質に合う項目を選び，金額を割り振ります。

　(3)　「前日の資金残高」＋「収入合計」－「支出合計」＝当日の資金残高，となっているかどうかを確認します。

②　将来分の資金繰表の作成方法（日次）[2]

　(1)　預貯金の通帳等から，資金（預貯金）残高を確認し，入力します。

　(2)　過去分の資金繰表で把握した，出金・入金の傾向を元に，

2　月次の資金繰表は，日次の資金繰表を集計したものとなりますので，月次の資金繰表の作成方法については割愛します。

会社の発行・受領した請求書等から，将来の入金額・出金額を見積り，各金額を入力します。

(3) 前日の資金残高＋当日の収入合計－当日の支出合計＝当日の資金残高，という計算を繰り返し，将来の資金残高を見積計算していきます。

なお，事業計画とは異なりますので，取り急ぎは，向こう1～2か月先のものを作成するイメージでよいでしょう。

会社内に，資金繰表を作成できる従業員がいないという場合には，取り急ぎ顧問税理士の先生にお願いしてみるとよいでしょう。

ウ 資金繰表の更新

資金繰りについては，日々動くものですので，日々更新作業が必要となります。

入金予定だった得意先からの売掛金の現金回収が止まってしまった等，イレギュラーな事態が発生してしまった場合には，資金繰りの再検討を余儀なくされます。

そのため，仮に外部の専門家に作成を依頼した場合であっても，作成方法等のレクチャーを受け，会社内で作業を完結できるようにする必要があります。

4 まとめ

中小企業における資金繰りは，最重要経営課題の1つです。

特に，資金繰りを1人で管理していた経営者が突然倒れた場合には，早急に資金繰りの実態を把握することに努めましょう。

●日繰表のひな形

日 繰 表 ＿＿＿＿月

	収入								現金仕入
	現金売上	売掛金の現金回収	受取手形の期日入金	借入金増加	手形割引	資産売却	その他入金	収入合計	
1日									
2日									
3日									
4日									
5日									
6日									
7日									
8日									
9日									
10日									
11日									
12日									
13日									
14日									
15日									
16日									
17日									
18日									
19日									
20日									
21日									
22日									
23日									
24日									
25日									
26日									
27日									
28日									
29日									
30日									
31日									
合計									

（単位：　　）

支出								資金残高	摘要
買掛金支払	給料手当・退職金	支払家賃	その他経費	税金・社会保険	リース料	その他支出	支出合計		

●月次資金繰表のひな形①

月次資金繰表　　　　　　　　（単位:円）

				年　　月	年　　月	年　　月	年　　月	年　　月	年　　月
			＊1	実績	実績	実績	予想	予想	予想
経常収支	収入 ＊2	現金売上	＊4						
		売掛金の現金回収	＊5						
		受取手形の期日入金	＊6						
		その他の入金							
		収入合計							
	支出 ＊3	現金仕入	＊7						
		買掛金の現金支払	＊8						
		支払手形の期日決済	＊9						
		役員報酬	＊10						
		給料手当	＊10						
		法定福利費	＊10						
		福利厚生費	＊10						
		支払手数料	＊10						
		荷造費	＊10						
		運搬費	＊10						
		広告宣伝費	＊10						
		交際接待費	＊10						
		旅費交通費	＊10						
		通信費	＊10						
		水道光熱費	＊10						
		消耗品費	＊10						
		租税公課	＊10						
		修繕費	＊10						
		保険料	＊10						
		その他経費	＊10						
		支出合計							
	差引過不足		＊11						
財務収支	収入	借入金増加	＊12						
		手形割引	＊12						
		資産売却							
	支出	借入金返済	＊12						
		資産購入							
	前月繰越								
	次月繰越								
（参　考）									
	売上高実績・予想高		＊13						
	仕入高実績・予想高		＊14						
	受取手形								
	＋受取手形増加高		＊15						
	−手形割引による減少高		＊12						
	−手形裏書による減少高								
	−手形期日入金による減少高		＊6						
	受取手形月末残高								

（資金繰表作成に当たっての注意点）
売上に係る収入については売上高の予想及びその代金の回収時期を見込んで記入する。
仕入に係る支出は、売上高予想に見合う仕入計画とその支払時期を見込んで記入する。
すなわち、まず売上高を計画し、次に得意先からの入金条件を勘案して、その代金の回収予定を、
現金回収＊4、売掛金回収＊5、手形回収＊6に分解して資金繰表に反映させる。次に仕入れの予定を記入する。

＊1　　　　民事再生法等に関連するコメントのため、割愛。

＊2　　　　必要に応じて部門別、取引先グループ別などに分類する。
　　　　　　なお、分類項目は、会社の実情に応じて適宜増減させる。

＊3　　　　支出については、あえて人件費などと集約しなくても、損益計算書と同じ分類でもよい。
　　　　　　ただし細かく分けるとページが増えるなど一覧性を損なう場合があるので適宜分類を判断する。

＊4，5，6　　損益計算書、貸借対照表との関連性に留意する。

損益計算書での売上高＊13	売掛金の現金回収＊5	受取手形の現金回収＊6
∥	∥	∥
＋現金入金＊4	＋期首売掛金残高	＋期首受取手形残高
＋売掛金の増加	＋売掛金の増加	
	△受取手形での回収＊15	＋受取手形での回収＊15
	△期末残高	△期末残高

＊7，8，9　　損益計算書、貸借対照表との関連性に留意する。

損益計算書での仕入高＊14	買掛金の現金支払＊8	支払手形の現金支払＊9
∥	∥	∥
＋現金仕入＊7	＋期首買掛金残高	＋期首支払手形残高
＋買掛金の増加	＋買掛金の増加	
	△支払手形での支払	＋支払手形での支払
	△期末残高	△期末残高

＊10　　　　損益計算書での経費計上額との関連性に留意する。
　　　　　　未払金が無い場合には、一致するはずである。

＊11　　　　差引過不足欄は、その月における収支尻を把握するため、前月繰越を加算していない。

＊12　　　　民事再生法等に関連するコメントのため、割愛。

日本公認会計士協会近畿会が公開している「改訂資金繰表」を一部修正して掲載しております。なお、
次頁のひな形②は、ひな形①の月次資金繰表を修正したものとなります。

●月次資金繰表のひな形②

月次資金繰表

			年　月	年　月	年　月	年　月	年　月	年　月
			実績	実績	実績	実績	実績	実績
経常収支	収入	現金売上						
		売掛金の現金回収						
		受取手形の期日入金						
		その他の入金						
		収入合計						
	支出	現金仕入						
		買掛金の現金支払						
		支払手形の期日決済						
		役員報酬						
		給料手当						
		法定福利費						
		福利厚生費						
		支払手数料						
		荷造費						
		運搬費						
		広告宣伝費						
		交際接待費						
		旅費交通費						
		通信費						
		水道光熱費						
		消耗品費						
		租税公課						
		修繕費						
		保険料						
		その他経費						
		支出合計						
	差引過不足							
財務収支	収入	借入金増加						
		手形割引						
		資産売却						
	支出	借入金返済						
		資産購入						
	前月繰越							
	次月繰越							

（参　考）

	年　月	年　月	年　月
売上高実績・予想高			
仕入高実績・予想高			
受取手形			
＋受取手形増加高			
−手形割引による減少高			
−手形裏書による減少高			
−手形期日入金による減少高			
受取手形月末残高			

（単位：円）

年　月	年　月	年　月	年　月	年　月	年　月
予想	予想	予想	予想	予想	予想

なお，このようなことにならないよう，普段から，資金繰業務を経理部等の従業員に任せることも重要です。

② 経営者突然死における資金繰りへの影響

❶ はじめに

本節では，経営者の突然死が，中小企業の「資金繰り」にどのような影響を与えるのか，について解説します。

❷ 経営者の突然死による資金繰りへの影響

経営者の突然死による資金繰りへの影響は，以下の図のとおりにまとめることが可能です。

分類	原因	内容
資金繰りへのプラス要因	入金額の増加	・死亡保険金の受取り
	出金額の減少	・前経営者の報酬の消滅 ・前経営者の個人的経費の消滅
資金繰りへのマイナス要因	出金額の増加	・経営者死亡退職金・弔慰金の支払 ・社葬費用の支払 ・従業員退職金の支払 ・借入金の一括弁済 ・自社株式の購入 ・経営者借入の弁済
	入金額の減少	・経営者死亡による売上減少
	支払（決済）条件の変更	・経営者死亡による仕入債務の早期払要請

ア　資金繰りへのプラス要因

　資金繰りへのプラス要因としては，①入金額の増加，②出金額の減少という2つの要因が考えられます[3]。

　①　入金額の増加

　　経営者死亡に伴う入金額の増加としては，いわゆる法人保険 (経営者が被保険者，会社が保険契約者・保険金受取人となっている保険契約等) による保険金の受取りが考えられます。経営者の死亡により，死亡保険金が会社に対して支払われるため，資金繰りにはプラスに働きます。

　②　出金額の減少

　　経営者死亡に伴う出金額の減少としては，前経営者の報酬や個人的経費の消滅が考えられます。ただし，後継者の報酬や個人的経費が別途発生するため，資金繰りに与える影響は小さいといえるでしょう。

イ　資金繰りへのマイナス要因

　経営者死亡に伴う資金繰りへのマイナス要因としては，①出金額の増加，②入金額の減少，③決済条件の変更という3つの要因が考えられます。以下，簡単に確認してみましょう。

　①　出金額の増加

　　経営者死亡に伴う出金額の増加としては，以下のような項目が

3　入金・出金のタイミング (決済条件) の変更についても，資金繰りに影響を与えます。例えば，経営者死亡により，得意先が通常の支払条件よりも前倒しで支払ってくれるケースや，仕入先等が支払条件を緩めてくれる (支払を待ってくれる) ケース等のプラス要因も想定できますが，実際には非常にまれなケースといえるでしょう。

考えられます。

❶ 死亡退職金・弔慰金の支払

経営者が死亡した場合，会社から遺族に対し，死亡退職金を支給するのが通常です。

死亡退職金については，その名目のいかんにかかわらず，「在職中の職務執行の対価」である場合には，「報酬」と評価されます。そのため，支給にあたっては，会社法361条1項に基づき，原則として株主総会の決議が必要となる点に注意が必要です。なお，死亡退職金の金額については，一般に「功績倍率法[4]」という税務上の計算方法によって算定されます。

また，故人を弔い，その遺族を慰める趣旨で，遺族に対し，弔慰金を支給する場合があります。

弔慰金についても，死亡退職金と同様，経営者の「報酬」と評価される場合には，株主総会の決議が必要となる点に注意が必要です。

❷ 社葬費用の支払

社葬の規模等にもよりますが，ある程度の規模の社葬を執り行う場合には，500万円以上の社葬費用がかかる可能性があります。なお，社葬費用については，税務上の取扱い（いわゆる経費処理の可否等）が問題となることから，顧問税理士と相談のうえで対応するとよいでしょう。

4　「経営者死亡時の最終報酬月額×役員在任年数×功績倍率」という計算式で，退職金を計算する方法です。

05
Column

経営者遺族の資金需要

　経営者突然死により資金繰りに影響を受けるのは，会社だけではありません。経営者遺族も，同様に影響を受けます。

　まず，一般家庭と同様，一家の大黒柱を失うことにより，その後の生活保障も必要となります。次に，中小企業の経営者の相続においては，多額の相続税が発生するケースも多く，相続税の納税資金（現金）が必要となります。

　このため，経営者の遺族においては，会社から，どのような名目であれ，その資金を融通してもらわなければならないときがあります。このようなケースで，最も利用される名目が「死亡退職金」や「弔慰金」といえます。なぜなら，会社においては経費（損金）処理を行うことができる一方で，受領する遺族側も，相続税において優遇措置が認められているためです。

　以上のような背景により，死亡退職金や弔慰金については，税務上，経費（損金）処理が認められる上限を目安に，会社の顧問税理士と協議のうえ，支給されることが多いといえます。

❸　従業員退職金の支払

　中小企業において，経営者が突然死した場合，求心力の低下や社内の混乱に嫌気がさし，従業員が退職してしまうケースは少なくありません。

　退職金を支給する旨の規程がある場合，退職金の支払が必要となる点に注意が必要です。特に，後継者の方針への反発等により，古参の従業員が一斉に退職することとなった場合には，多額の退職金の支払が必要となる可能性があります。

❹　借入金の一括弁済

　中小企業経営者が死亡した場合，借入を行っている取引金融機関から，「債権保全を必要とする相当の事由」[5] が発生したとして，借入金の一括弁済を求められる場合があります。なお，万が一，借入金の一括弁済を求められた場合には，取引金融機関の預金口座は，相殺によりすべて借入金の弁済に充てられることとなり，資金繰りに重大な影響が発生するため注意が必要です。

❺　自社株式の購入

　本来，会社の株式については，後継者となる相続人に対して，故人が有していた株式を 100 ％譲渡することが望ましいとされます。

　しかし，遺産分割協議[6] において，様々な事情により，相続人の間において株式を分割せざるを得ないケースもあります[7]。このようなケースにおいて，①相続による自社株式の分散から生じる混乱を予防・解消するとともに，②他の相続人の相続税の納税資金に充当すること等を目的として，会社において，後継者以外の相続人が相続した株式を購入することがあります[8]。

5　銀行取引約定書において，通常，期限の利益請求喪失事由として，「債権保全を必要とする相当の事由」が挙げられています。「中小企業である同族会社の代表者の死亡」は，この事由の具体例の 1 つとされています。

6　遺産分割協議については，P115。

7　遺言を作成している場合には，別途遺留分の問題も生じます。

8　会社による自社株式の買取りについては，無制限に認められているものではなく，会社法上，一定の制限（手続規制・財源規制）が課せられている点に注意が必要です。

❻　経営者借入の弁済

　中小企業においては，資金繰りの一手法として，経営者が会社に対し，貸付を行っているケースが多く見られます。

　この貸付金は，経営者の突然死により当然に相続の対象となり，かつ相続税の課税対象となります。そのため，相続税の納税資金に充てる等の理由により，遺族から弁済を求められる可能性があります。

② 　入金額の減少

　経営者死亡に伴う入金額の減少としては，売上高の減少が考えられます。

　特に，得意先について，亡くなった経営者の信用やコネクション等だけで取引関係が維持されていた場合には，経営者の死亡により，取引関係の維持が難しくなる恐れがあります。

　また，競業他社により，自社の経営者の突然死という事態に乗じて，積極的な営業活動が行われ，シェアを奪われる可能性もあります。

　入金額の減少により，従業員の人件費やテナントの賃料といった固定費の支払ができなくなってしまう結果，最悪の場合には倒産状態に陥ることも十分に考えられます。

③ 　支払（決済）条件の変更

　経営者死亡により，自社の与信限度額を見直される結果，仕入先や外注先等の取引先から，買掛金等の支払条件の変更を求められる可能性があります。例えば，「月末締め翌々月10日支払」という条件を「月末締め翌月10日支払」に変更してほしい等といった要求を受けることとなります。

3 まとめ

　以上のとおり，経営者の突然死は，会社の資金繰りに大きな影響を与えるものとなります。

　そのため，上記 1 における資金繰管理業務においては，資金繰りの状況を把握した後も，このような影響を想定した対応が必要となります。特に，マイナス要因については，資金不足に直結する恐れもあるため，注意が必要です。

〈3〉 保険金請求の注意点

1 はじめに

　上記のとおり，中小企業経営者が突然死した場合，会社の資金繰りにおいて，大きな問題が発生する可能性があります。このような緊急事態において，会社の資金繰りの救世主となるのが，会社で契約していた生命保険[9] です。

　そのため，会社としては一刻も早く保険金を受け取りたいところですが，会社の規模や機関体制によっては，経営者死亡に伴う保険金請求手続が非常に面倒になるため，注意が必要です。

　本節では，生命保険における保険金請求[10] の注意点について解説していきます。

9　主に，法人保険（経営者が被保険者，会社が保険契約者・保険金受取人となっている生命保険）を指します。

10　生命保険には様々な種類がありますが，本節ではいわゆる「死亡保険」（被保険者の死亡等により保険金が支払われる保険契約）を前提とします。

② 保険金請求の流れ

経営者死亡に伴う生命保険（経営者が被保険者，会社が保険契約者・保険金受取人となっている生命保険とし，以下「法人契約」といいます）の請求の流れは，以下のとおりです[11]。

③ 保険契約調査について

まずは，経営者死亡により請求可能な保険契約の調査を行う必要があります。

もちろん，経営者以外の総務部等の従業員が，保険契約を管理している場合には，このような調査は必要ありません。各保険会社へ電話を一本入れるだけで，保険金請求手続に進めることが可能でしょう。

問題となるのは，亡くなった経営者以外の役員や従業員等が，誰も保険契約の管理をしておらず，そもそも保険契約の内容等を把握できていない場合です。

このような場合には，以下の方法により，保険契約を調査することとなります。

---

11 保険会社各社によって，請求の流れが異なる可能性があるため，事前に確認されるとよいでしょう。

方法	注意点
保険証券等の書類の確認	保険契約を締結した場合，保険証券等の書類が交付されます。そのため，会社内のキャビネット等から，これらの書類を確認し，保険契約の有無等を調査します。
会計帳簿からの確認	保険契約を締結した場合，毎月，半年，年払い又は一時払いで，会社から保険会社に対して保険料が支払われます。 　会社から保険料が支払われる場合，その保険料は，「保険積立金」等の勘定科目で貸借対照表上に資産計上されるか，「支払保険料」等の勘定科目で経費処理されて損益計算書に計上されることになります[12]。 　そこで，会社の貸借対照表上に「保険積立金」等という勘定科目がないか，損益計算書上に，「支払保険料」等という勘定科目がないかを確認してみましょう。 　このような勘定科目が存在する場合には，経理担当者や顧問税理士に，その詳細を確認してみましょう。

４ 保険金請求手続について

ア　保険金請求手続の概要

　経営者死亡に伴う保険金の請求については，まず会社から各保険会社の担当者や窓口に連絡を行うところから始まります。保険会社や保険契約によって異なりますが，保険金請求書とともに，経営者の死亡が客観的にわかる資料等の提出を求められるのが一般的です。

　以下，中小企業で問題となりやすい保険金請求書やその他必要資

12　一部を保険積立金として計上するとともに，一部を経費処理するパターンもあります。

料について解説します。

イ　保険金請求書について

保険金請求書とは，会社が，保険契約を締結している保険会社に対し，経営者の死亡により，保険金請求の意思表示を行う書面です。通常，会社から保険金請求がなされない限り，保険会社から保険金は支払われないため，保険金請求に必要不可欠な書面となります。

保険金請求書の作成にあたっては，以下の2点に注意が必要です。

① 代表取締役の選任について

法人契約に関する保険金を請求する場合には，会社名義で保険金請求書を作成する（保険金請求を行う）必要があり，代表取締役が不在の場合，通常，保険金請求書を作成することはできません[13]。そのため，亡くなった経営者以外に会社の代表取締役がいない場合には，新たに代表取締役を選任しなければなりません。

代表取締役の選任方法については，次の章（P 57）にて詳しく説明をしますので，本章では詳細については割愛しますが，取締役が1名しかおらず，前経営者以外に株主が存在する会社においては，速やかに代表取締役を選任できない場合もあり，注意が必要です[14]。

② 実印について

保険金請求書において，保険契約時に登録した届出印の押印を

13　保険金請求書提出時において，保険会社から新代表取締役の印鑑証明書の提出を求められるケースもあります。

14　適時に保険金請求ができるよう，速やかに代表取締役を選任できる体制を整えておく等の対策を検討しましょう。

求められることがあります。通常，保険契約時においては，実印が使われるようですが，取引印で代用されるケースもあるようです。

そのため，保険金請求において，実印や取引印といった印章（判子）を用意する必要があります。

これらの判子が見つからない場合には，届出印の変更手続が必要となり，保険金の受取りに時間がかかってしまう点に注意が必要です。また，取引印については，使用頻度から頻繁に作り直されることがあり，届出印と同じものが残っていない場合にも変更手続が必要となるため，注意が必要です。

06
Column

ホントは怖い，印章（判子）の管理

経営者が亡くなった場合，その遺族や後継者は，判子の管理に注意が必要です。

経営者死亡による混乱に乗じて，従業員が実印や銀行印を持ち出し，会社にとって不利な契約を締結されたり，手形を振り出されたりと，トラブルに発展するケースは少なくないようです。

そのため，これらの判子については，混乱が収まるまで，社長の家族や役員，会社の顧問弁護士や顧問税理士に保管してもらう等，注意が必要です。

ウ その他必要書類について

保険金請求にあたっては，通常，被保険者の死亡を客観的に証明できる証拠の提出が求められます。被保険者の死亡直後においては，死亡診断書（写し）が使用されることが多いようです[15]。

しかし，死亡診断書は，通常，親族ではない第三者が取得することはできません。そのため，会社が保険金を請求する場合には，経営者の遺族の協力が不可欠となります。

なお，経営者の遺族へ協力を要請する際には，生命保険の保険金請求に使用する旨告げることとなりますが，遺族においては，（会社の保険であっても）死亡退職金という形で，最終的に遺族が受け取れるものだという認識を持ちやすい点に注意が必要です。保険金を死亡退職金等の用途に使用しないことがあらかじめ決まっている場合には，遺族とのトラブルを避けるため，受領する予定の保険金額とともに，会社の現状や予定している用途等を，しっかりと説明しておく必要があります。

5 保険金受取りについて

上記のような保険金請求手続が完了すると，保険会社にもよりますが，5営業日前後で保険金が指定口座に支払われることとなります。なお，保険金を受け取る際の口座は，借入を行っているメインバンク等の金融機関以外の口座を指定するとよいでしょう。前述のとおり，万が一，金融機関から一括弁済を求められた際には，保険金が全額弁済に使用されてしまうためです（P48）。

---

15 死亡からある程度時間が経過していれば，被保険者である社長の死亡が記載された住民票等を利用することがあります。ただし，いずれにせよこれらの資料の提出は必須であり，遺族の協力は不可欠です。

掛けててよかった「生命保険」と言われるために

　上述のとおり，経営者の突然死により，会社の資金繰りは大きな影響を受けます。

　このため，生前から，①内部留保による事業資金の貯蓄を行うとともに，②適切な保障額を有する生命保険への加入が不可欠となります。

　内部留保による貯蓄を行う際には，あらかじめ売上の何%を貯蓄するというルールを設定し，決済口座とは別の銀行口座等にプールしておくとよいでしょう。

　また，生命保険については，事業保障等に関する必要資金を見積もったうえで，万が一のことがあっても会社の存続に影響が出ないよう，適切な生命保険に加入するとよいでしょう。中小企業の経営者において，生命保険は節税商品というイメージを持たれる方が多いようですが，本来はこのような活用をすべきものといえます。

　なお，生命保険については，会社の資金繰りが厳しくなると，解約することで資金繰りを改善しようとすることが多いですが，生命保険における契約者貸付等の制度を利用し，少なくとも最低限の事業保障に関する生命保険は最後まで解約することのないよう注意が必要です（本ストーリーのように，解約してしまってから亡くなるケースは意外によく聞く話です）。

東尾工場長
天内インダストリー株式会社の技術を支える工場長（58歳）
技術以外の事務等にも詳しい。

山原総務部長
天内インダストリー株式会社の総務部長（50歳）
10年前に転職により入社。

東尾

「いやはや……病院で，奥様と色々と話をしてきたよ。」

山原

「その前に，例の資金繰りの件なのですが……」

「あぁ，4月25日の支払で資金ショートの恐れがあるということだったね。ただ，保険金でカバーできるのは不幸中の幸いだった。社長に感謝しなきゃいけないな。」

「3億円の掛け捨ての保険を解約していたのは残念でしたが……」

「まぁ，過去のことを悔やんでも仕方がない。保険金の5,000万円で当面の資金繰りは何とかなりそうなんだろう？」

「うーん，なんともですね……税理士の縦張先生からは，経営者の突然死は資金繰りにマイナスの影響が強いという話がありましたし……死亡退職金やら社葬費用やら支払が続きますし……」

「死亡退職金か……実は，奥様にも，会社で保険金請求をするに際して，新たに代表取締役を決めなきゃいけないと言ったら，死亡退職金はどうなるんだと聞かれたよ。」

「死亡退職金は，ざっくり計算して 5,000 万円くらいですね。保険金丸ごと持って行かれたら，資金繰りが止まってしまいますよ。」

「一応，『保険金は会社が受け取るもので，資金繰りの関係もあるため別途検討します』と伝えたら，えらい剣幕で怒られてしまったよ。『主人の退職金がなかったら，どうやって老後を暮らしていくのよ！』ってさ。」

「社長個人で生命保険に入っていなかったんですか？」

「会社と同じように直近で一部を解約していたらしく，老後資金としては不十分ということらしい。」

「個人で入っていた保険が不十分だからって，会社に文句言われても……」

「まぁ，仕方ない。社長の奥様の対応には慣れているつもりだよ。さて，代表取締役の件なのだが，奥様に話をして，創業家として代表取締役を出してもらいたいとは伝えたよ。」

「創業家といっても，奥様と息子さんとお嬢さんですよね。息子さんは，大手商社の紅丸商事勤務でしたよね。流石に，うちには来てくれないでしょうね。お嬢さんは，アーティスト気取りの引きこもりオタクでしたっけ……」

「こらこら……まぁ，会社にとっては，息子さんが来てくれるのが一番良いんだろうな。ただ，上場企業と中小のうちとでは環境が違いすぎるから，逆に申し訳ないな。社員には血の気の多い奴も多いし。」

「じゃあ，お嬢さんですかね。そもそもバイトすらしたことなさそうですが……」

「最悪，奥様になるのかな。専業主婦だけど，結婚前はデパートで勤務していたらしい。」

「ええぇ……それは勘弁してくださいよ。あんな人……失礼……あの人が権力を持ったら，何し始めるかわかりませんよ。自分の気に入らないことがあると，大声で怒鳴り散らすのに……」

「最悪の場合の話だよ……。でも，他になり手がいないだろう。」

「工場長，是非立候補してくださいよ。私，工場長についていきます！」

「おいおい，私に会社の借入金の連帯保証人になれってことか？　勘弁してくれよ。それに，うちの会社の株式を買う金なんてないよ。」

「雇われ社長になって，連帯保証は奥様にお願いすればいいじゃないですか。」

「それで，あの奥様が納得するか？　銀行も何と言ってくるか……」

「まあ，そうですね……」

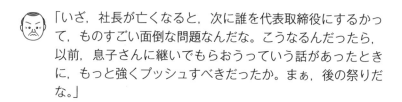

「いざ，社長が亡くなると，次に誰を代表取締役にするかって，ものすごい面倒な問題なんだな。こうなるんだったら，以前，息子さんに継いでもらおうっていう話があったときに，もっと強くプッシュすべきだったか。まぁ，後の祭りだな。」

「奥様は結局，代表取締役については何て言っていたんですか？」

「後で家族で話し合うとは言っていたよ。ところで，代表取締役を選ぶのって何か手続が必要なんだっけ？」

「うちの会社は，天内社長が唯一の取締役で代表取締役だったので，株主総会を開かないといけませんね。」

「株主総会か……うちの会社の株主は，社長と私と火村さんの３名だな。」

「火村さんって，私の前に，総務部長をやっていた方ですか？」

「そうだよ，もう定年して隠居しているはず。すぐそばに住んでいたから，連絡とってみるか。」

「株主が３人だと，わざわざ株主総会を開かなくても，書面決議で何とかなりそうですね。司法書士の先生にも確認してみます。」

「よろしく頼む。ところで，社長の分の株式は相続されるから，ご家族全員分の書面が必要なの？」

「いえ，株式は共有みたいな形になるので，ご家族で協議してもらって，誰か1名を権利行使者として決めてもらう形になるはずです。まぁ，流石に揉めることはないと思いますので，司法書士の先生に確認を取りながら進めていきますね。」

「後継者か……」

「誰もいないようですね。何も対策していないと，残される側は本当に困るんですよね。」

「死ぬとは思っていなかったからな。」

「人間の死亡率は100％ですよ。まぁ，中小企業の経営者の皆さん，同じことおっしゃいますよ。死ぬとは思っていなかった，だから，対策なんて必要ないと思ってたってね。」

「いや，いつか死ぬとは思っていたけど……」

「いつかわからないから，対策しないといけないんですよ。自分が倒れたときのことを我が事として考えられないから，先延ばしになって，結局何もしないということになるんですよ。」

「手厳しいな……ただ，後継者なんて簡単に育つもんではないしな。」

「何年かかると思っていたんですか？」

「まぁ。10年……は言い過ぎかな。でも，会社内で5年経験させて，経営者として5年で，やっぱり10年くらいはほしいな。」

「社長の頭のなかで，もう後継者は決まっていたんですか？」

「息子に継いでほしかったのだけど……大手商社に勤めていて，なかなか言い出しづらくてね。」

「仮に，今から会社に入るとしても，独り立ちする頃には，社長は78歳ですよ。」

「それまでにボケていないといいんだがな……がはは。」

「まぁ，ボケる前に亡くなってしまいましたけどね……」

「うぅ……」

「まぁ，誰が代表取締役になるのか，お楽しみですね。」

「ところで，うちの誰かが代表取締役になるとして……例えば，火村が認めないとかってなったら，どうするんですか？」

「そうですね，書面決議はできないので，全員出席総会という形で，株主全員に集まってもらって，株主総会を開催する等の方法が考えられますね。」

「なるほどね。いや，火村とうちの家内は犬猿の仲だったからな……大丈夫かな。」

1 「代表取締役」が死亡した場合の対処法（後継者の選び方）

1 はじめに

　中小企業の経営者は，世間一般では「社長」と呼ばれることが多いかと思いますが，会社法上は「代表取締役」という立場にあります。

　会社法とは，株式会社等の会社の設立，組織，運営及び管理等について規定した法律であり，株式会社は，会社法を無視して組織，運営することはできません。

　代表取締役が死亡し，代表取締役が不在となってしまった場合，会社法という観点から，どのような対処が必要なのか，解説します。

2 代表取締役が死亡したら，何をすべきか？

ア　代表取締役とは？

　代表取締役は，株式会社という法人を代表し，株式会社の業務に関する広範な権限を認められた唯一の存在（機関）です[1]。原則とし

1　会社法上，「代表取締役」とは，株式会社の業務を執行し，対外的に会社を代表する取締役であり（会社法363条1項1号，47条1項），株式会社の業務に関する一切の裁判上又は裁判外の行為をする権限を有するものと規定されています（会社法349条4項）。

て，株式会社は，代表取締役を通じて新規契約締結等の法律行為を行うこととなります。

裏を返せば，代表取締役を失った株式会社は，新規契約締結等の法律行為を行うことができず，会社自体が，機能停止状態に陥ります。P52のとおり，生命保険の請求もできません。

そのため，代表取締役が不在となった会社は，一刻も早く新しい代表取締役（後継者）を選任しなければなりません[2,3]。

以下では，代表取締役が不在となった場合における，新代表取締役の選任方法について解説します。

08 Column
なぜ，代表取締役が必要なのか？

　株式会社は，「法人」であり，「自然人」（人間）ではないため，自ら意思をもって何らかの行為に及ぶということができません。そこで，「法人」である株式会社の代わりに，「人」や「人」が集まった会議体が，その会社の業務に関する意思決定や業務の執行（以下，「業務執行」といいます）をする必要があります。

2　代表取締役を「選ぶ」場合において，会社法上，「一定の者を，会社における一定の地位につける行為」を「選任」といい，「会社において既に一定の地位にある者に追加的な地位を付与すること」を「選定」といいます。

3　会社法上，代表取締役が死亡した場合には，原則として，死亡から2週間以内に，代表者死亡による役員の変更の登記もしなければならないものとされています（会社法915条1項，911条3項14号）。この場合，代表取締役が不在となりますので，新しい代表取締役の登記もあわせて行うこととなります。なお，登記を懈怠すると，100万円の過料に処される場合があるため，注意が必要です（会社法976条1号）。

　この会社の業務執行を実際に行う「人」が，一般に「代表取締役」となります。そのため，会社の「代表取締役」がいないということは，「法人」である会社に代わって意思決定や業務の執行をできる「人」がいないということとなり，その会社では業務執行が一切できないこととなります。

イ　新代表取締役の選任・選定方法

　代表取締役を選任・選定するために必要な手続は，以下のチャートのとおりです。

　以下，それぞれのケースについて解説していきます。

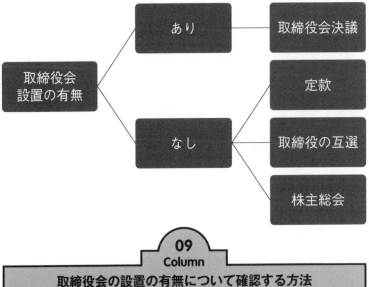

09
Column

取締役会の設置の有無について確認する方法

　自社において，取締役会が設置されているかどうかを客観的に確認する方法は，以下のとおり2つ存在します。

① 定款を確認する方法

　定款とは，株式会社における最高の自主規範であり，いわば会社の憲法のようなものです。定款においては，会社がどのような機関設計を採用しているか（取締役会設置の有無等）が明記されています。

　通常，重要な会社資料として総務部等が管理していますが，まれに所在がわからないといったケースがあります。そのようなことがないように，重要書類は日々しっかりと管理しておく必要があります。

② 登記簿を確認する方法

　会社の登記においても，以下のように，会社がどのような機関設計を採用しているかが明記されています。現在では，会社の商号と会社の本店所在地がわかれば，インターネットで簡単に閲覧することができます（なお，有料です。https://www1.touki.or.jp/gateway.html）。

取締役会設置会社に関する事項	取締役会設置会社
	平成17年法律第87号第136条の規定により平成●年●月●日登記
監査役設置会社に関する事項	監査役設置会社
	平成17年法律第87号第136条の規定により平成●年●月●日登記

① 取締役会設置会社の場合

　まず，取締役会が設置されている会社（以下，「取締役会設置会社」といいます）の場合における代表取締役の選定方法について解説します。

取締役会招集 → 取締役会開催 → 取締役会決議 → 代表取締役選定

　取締役会設置会社の場合，代表取締役については，取締役会を招集・開催し，取締役会の決議により，取締役のなかから選定す

ることとなります[4]（要するに，残った取締役で協議して，取締役のなかから代表取締役を決めることとなります）。

　本来，取締役会を開催するためには，原則として会日の1週間前に招集通知を発するといった招集手続を経る必要があります[5]が，取締役及び監査役[6]全員の同意がある場合には，招集手続を省略することが可能です[7]。また，取締役会の決議は，議決に加わることができる取締役の過半数が出席し，出席した取締役の過半数をもって行うものとされています[8]。

　そこで，代表取締役が死亡した場合には，取締役・監査役全員の合意を得たうえで，速やかに取締役会を開催し，既存の取締役のなかから代表取締役を選定する決議を行うこととなります。

　なお，元々取締役が3名の会社において，代表取締役が死亡した場合には，定款により取締役会の定足数につき加重要件が定められていない限り[9]，残りの2名の取締役が取締役会を開催し，後任の代表取締役を選定することは認められています（昭和40・7・13民事甲1747号回答）。

4　会社法362条2項3号

5　会社法368条1項（定款で1週間を下回る期間を定めている場合には，その期間となります）

6　株式会社において，取締役会を設置する場合には，監査役という機関を設置しなければならないこととなっています（会社法327条2項）。中小企業の場合，経営者の配偶者等の親族が，監査役となっているケースが多いといえます。

7　会社法368条2項

8　決議の要件は，定款によって加重されているケースがありますので，注意が必要です（会社法369条1項）。

9　定款に定めた定員を前提とする定足数を満たす必要があります。

② 取締役会非設置会社の場合

次に，取締役会が設置されていない会社（以下，「取締役会非設置会社」といいます）における代表取締役の選任・選定方法について解説します。

取締役会非設置会社の場合には，以下のような場合分けが可能となりますので，順を追って説明します。

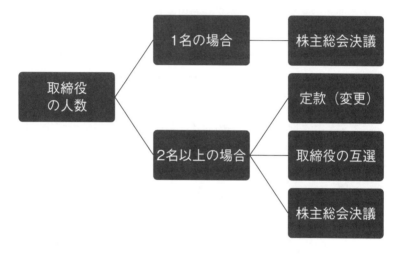

● 会社の取締役の人数が，元々1名であった場合

取締役の人数が1名の場合，その1名が代表取締役となります。

この代表取締役が死亡した場合，会社には，代表取締役が1名も存在しないこととなります。

この場合，会社は，株主総会を開催し，その決議によって，新たに（代表）取締役を選任する必要があります[10]。なお，株主

10　会社法329条1項

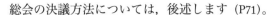

総会の決議方法については，後述します（P71）。

❷ 会社の取締役の人数が，元々2名以上の場合

　取締役会非設置会社の場合，2名以上取締役がいる場合には，原則として，各自が代表権を有することとなり，取締役全員が，いわば「代表取締役」となります[11]。全員が代表権を有する取締役であるならば，1名が亡くなっても，他の取締役も代表権を有するため，代表取締役が欠けるという事態は生じません。

　しかし，多くの中小企業においては，定款や株主総会決議によって，特定の取締役を代表取締役として定め，他の取締役には代表権を与えない形を採用しています[12]。

　このように代表取締役を定めている場合で，代表取締役が不在となってしまったときには，新たに代表取締役を選任しなくてはなりません。

　この場合，以下のような手続で，新たに代表取締役を選任する必要があります。なお，取締役の互選と規定されている場合[13]を除き，株主総会決議が必要となる点に注意が必要です。

11　会社法349条1項本文，2項

12　会社法349条3項

13　定款における文言の規定内容次第では，株主総会決議が必要となる場合があります。

代表取締役の 選任方法	新代表取締役 の選任方法	注意点等
定款上，直接代表取締役の氏名が記載されている場合	株主総会特別決議による定款変更	株主総会で定款変更を行う場合には，特別決議（議決権の過半数を有する株主が出席し，出席した株主の議決権数の $\frac{2}{3}$ 以上をもって可決となる決議）が必要となります。 なお，代表取締役の定め方に関し，その他の方法に変更することも可能です。
定款上，取締役の互選により代表取締役を定める旨が記載されている場合	残された取締役の互選	残された取締役のみの互選（過半数の賛成・決定）により，代表取締役を決定します。 なお，定款上の規定文言次第では，残された取締役のみの互選ができない点に注意が必要です。 また，取締役が元々2名おり，1名が亡くなった場合，残された1名が自動的に代表取締役となるかどうかについては，定款上の規定文言によります[14]。
株主総会決議で代表取締役が選任されていた場合	株主総会決議	代表取締役死亡により，残された他の取締役に代表権が回復するわけではない点に注意が必要です。

14　定款上，「当会社に取締役2名を置き，取締役の互選により代表取締役1名を置く」と規定されていた場合には，残された1名が自動的に代表取締役となることはありませんが，定款上「当会社に取締役2名以内を置き，取締役の互選により代表取締役1名を置く」と規定されていた場合には，残された1名が自動的に代表取締役となる（商業登記の栞⑧・登記研究646号118頁）ものと解されています。

ウ　新代表取締役選任後

　新代表取締役を上記の方法により無事選任したら，代表取締役の登記を行う必要があります。なお，上記選任方法については，登記の際の必要書類も含め，早い段階から司法書士に確認するとよいでしょう。

10
Column

緊急時に備えた，代表取締役の２人体制

　取締役会非設置会社の場合，代表取締役を選任するために，株主総会を開催しなければならないケースは多いといえます。

　株主の数が多く，株主総会を適時に開催できない等のトラブルが想定される場合には，あらかじめ代表取締役を２名定めておく等の事前対策をしておくとよいでしょう。

---

② 「代表取締役死亡後」の株主総会決議のやり方

■ はじめに

　上記のとおり，代表取締役が死亡し，会社に誰も代表取締役がいなくなってしまった場合には，すぐに代表取締役を選任しなければなりません。一方で，上記のとおり，代表取締役の選任にあたり，株主総会決議が必要となる場合があります。

　ところで，中小企業においては，「株主総会」をきちんと開催し，決議をしている会社は少ないといえるでしょう。実際のところ，(形だけ) 株主総会議事録だけ作成し，「株主総会」を開催したことにしている会社は多いといえます[15]。

「経営者突然死」という緊急事態において，株主総会の招集通知を行う等の原則的な手続を履践する余裕はありません。しかし，一方で，適法に株主総会決議を行わないと，株主総会決議の有効性が争われる等，いわゆる「お家騒動」(相続人による会社内の支配権争い)に発展する可能性もあります。

本節では，経営者突然死という緊急事態において，いかに迅速に株主総会決議を行うべきか，について解説します。

2 原則的な手続では時間がかかる……

株主総会で決議を行うためには，株主総会を招集する必要があります。株主総会の招集にあたっては，以下のような「招集手続」が必要となります。

まず，株主総会の招集を「会社において」決定する必要があります。この「会社において」決定するとは，取締役会設置会社であれば取締役会が，取締役会非設置会社であれば取締役の過半数をもって決定することとなります。

次に，株主総会の招集決定後，会社から全株主に対し，株主総会開催日の1週間又は2週間前[16]までに，招集通知[17]を行う必要があります。裏を返せば，どんなに招集通知を急いで出しても，1週間又は2週間待たなければならないこととなります。

---

15 法的に認められるという趣旨ではありません。

　以上のとおり，株主総会をすぐに開催したいと思っても，原則的な手続では「すぐに」開催することはできません。

3 「経営者死亡」後の緊急事態における株主総会決議のやり方

ア　緊急事態下における株主総会決議の手法

　時間も手間もかかる「招集手続」を経ることなく，「すぐに」株主総会決議を行う方法は，以下のとおり，3つ存在します。なお，これらの手法によることなく，株主総会の開催や決議を強行した場合には，後継者に対する反対勢力等から，株主総会決議の有効性が争われる可能性があり，注意が必要です。

16　いわゆる非公開会社（会社の発行する株式の内容として，譲渡による株式の取得につき株式会社の承認を要する旨の定款の定めを設けている株式会社）においては，原則として1週間とされています（なお，非公開会社においては，定款により当該期間の短縮が可能です）。一方で，公開会社（上記のような定款の定めが設けられていない株式会社）については，2週間とされています（会社法299条1項）。

17　いわゆる非公開会社においては，書面を郵送する必要はなく，口頭で行うことも可能です。

	招集手続の省略	全員出席総会	株主総会決議の省略
制度内容	株主全員の合意があるときは，招集の手続を経ることなく，株主総会を開催することができる制度[18]	株主全員が株主総会の開催に同意して出席する場合，招集の手続を経ることなく，株主総会を開催することができる制度[19]	取締役又は株主による提案について，株主の全員から書面等により同意が得られた場合，当該提案を可決する旨の株主総会の決議があったものとみなす制度[20]
メリット	・招集手続の一部を省略できる ・株主全員が，株主総会に出席する必要がない	・招集手続の全部を省略できる ・代理人による出席もできる[21]	・招集手続の全部を省略できる ・株主総会という場自体を設定する必要がない
デメリット	・取締役会又は取締役の過半数による招集の決定手続は省略できない ・株主総会決議にあたり，定足数や決議要件に注意する必要がある[22]	・株主全員が，株主総会に出席する必要がある[23] ・株主総会決議にあたり，決議要件に注意する必要がある	・株主全員から書面等[24]による合意を得る必要がある
利用場面	・決議事項につき，株主全員の合意が取れない場合	・決議事項につき，株主全員の合意が取れない場合 ・株主全員で簡単に集まることができる場合	・提案事項につき，株主全員の合意が取れる場合 ・株主全員が集まることができない場合

　会社の状況次第で，上記の各手法のなかから株主総会決議の方法を選択することとなります。

　全株主からの書面等による合意が簡単に取れる状況であれば，「株主総会決議の省略」手続を選択するとスムーズです。何らかの事情で，全株主が集まれるものの，全株主からの書面による合意が取れない状況であれば，「全員出席総会」手続を選択することになるでしょう。なお，その他の場合には，「招集手続の省略」手続を選択することで，早急に株主総会を開催し，決議を行うこととなります。

　なお，いずれの手法も選択できない場合には，原則的な手続による株主総会の開催も視野に入れて検討する必要があります。

イ　経営者が保有していた株式の取扱いについて

①　相続された株式の取扱い

　亡くなった経営者が保有していた株式については，相続の対象となり，相続人によって相続されることとなります。

　相続の際，法定相続分に従い，自動的に分割される（例えば，故人の有する100株を，子2人で相続する場合，子がそれぞれ50株ずつ相

18　会社法300条。なお，書面投票・電子投票を定めた会社には適用できません。

19　最判昭和60年12月20日　民集39巻8号1869頁

20　会社法319条1項

21　株主総会の目的事項があらかじめ特定されており，適切に委任がなされている必要があります。

22　テレビ会議システム等を利用し，複数の場所で株主総会を行うことも可能です。

23　同上

24　電磁的記録による合意も可能です。

続する）ものと誤解されていることが多いのですが，法律上，株式は相続人全員の「共有（準共有）」[25] となる点に注意が必要です（「共有（準共有）」だと，どう処理されるのか，については後述します）。

② 誰を株主として扱うべきか

通常，株主が死亡した場合，相続人から会社に対して，株主名簿の名義書換が請求されます。しかし，経営者突然死後の緊急事態において，株主名簿の名義書換を後回しにしてでも，株主総会決議を優先しなければならないケースがあります[26]。

経営者突然死後において，誰を株主として扱うべきかについては，以下のとおりです。

遺言書において，株式に関する相続方法が指定されている YES 指定された相続人を株主として取り扱う

 NO

相続人間において，株式に関する遺産分割協議が終了した YES 相続した相続人を株主として取り扱う

 NO

経営者の株式を共有株式として取り扱う

---

25 民法 898 条

26 名義書換未了であっても，会社の危険において，株式を相続した相続人を株主と認め，議決権を行使させることは差し支えありません（最判昭和 30 年 10 月 20 日　民集 9 巻 11 号 1657 頁）。

❶　遺言書において，株式に関する相続方法が指定されている場合

　故人 (経営者) の遺言書が存在する場合には，まず，株式に関する相続方法が指定されていないか，遺言書の内容を確認することとなります。「○○社の株式は，長男○に相続させる」等，株式につき相続方法が指定されている場合には，その指定された者を株主として取り扱うこととなります[27]。

❷　相続人間において，株式に関する遺産分割協議が終了している場合

　故人の遺言書が存在しない又は遺言書上，株式に関する相続方法が明記されていない場合，相続人間において，遺産分割協議により株式をはじめとする故人の遺産の分割方法を決定することとなります。

　株主総会を開催する前に，株式に関する分割方法が決定している場合には，会社は，相続人から遺産分割協議書の提出を受けたうえで，故人の株式を相続した相続人を株主として取り扱うこととなります[28]。

❸　上記❶及び❷以外のケース

　故人の遺言書が存在せず[29]，かつ遺産分割協議も未了の場合には，上記のとおり，株式は相続人の間で法定相続分に応じて

27　会社においては，念のため指定された者に対し，相続放棄の意向の有無を確認しておくとよいでしょう。なお，近年では信託契約の有無にも注意が必要です。

28　いわゆる非公開会社であっても，「譲渡」ではないため，譲渡の承認を受ける必要がない点に注意が必要です。

29　遺言書が存在しているケースで，遺言書内に株式に関する相続方法が指定されていない場合も含みます。

準共有状態にあるものとされます。

　このような準共有状態にある場合，会社法上は，相続人間において故人の株式について権利を行使する者を1人定めて[30]，その者の氏名を会社に通知しなければ議決権を行使することができません。このため，相続人の間で，権利行使者を定めてもらい，通知をしてもらう必要があります。なお，このような通知がなくても，会社側において相続人の1人に権利行使を認めることは可能です。

③　相続人がすべきこと

　株主総会において議決権を行使する株主を決定するために，相続人がすべきことは以下のとおりです。

遺言書の確認　遺産分割協議　権利行使者の決定・通知

　まずは，故人の遺言書の有無を確認します。遺言書がない又は株式に関する相続方法が指定されていない場合には，誰が株式を相続するか，遺産分割協議を行うこととなります[31]。株主総会までに協議がまとまればよいのですが，協議がまとまらない場合には，株式の権利を行使する者を決定する必要があります。なお，権利行使者は，法定相続分の過半数で決定するものとされています[32]。

30　この権利行使者を定めるにあたっては，持分の価格（相続における法定相続分）に従って，過半数をもって決することとなります。

31　遺産分割協議は，遺産の一部だけを対象とすることも可能です。

32　子ども2人が相続人の場合，2人が合意しない限り，権利行使者は決定しないこととなります。

東尾工場長
天内インダストリー株式会社の技術を支える工場長（58歳）
技術以外の事務等にも詳しい。

山原総務部長
天内インダストリー株式会社の総務部長（50歳）
10年前に転職により入社。

山原
「そういえば，葬儀についてはどうなったんですか？」

東尾
「おう，そうだった……いやはや，こっちの方が大問題でね。
会社として，社葬の打診をしたんだが。」

「社葬って，会社として葬儀をあげるってことですか？」

「簡単に言うとそうだね。なんといっても社長は創業者だし，
取引先の目もある。今後，会社を続けて行くためにも，後継
者による新体制を対外的にアピールしていかないと。変な噂
が立ってしまえば，得意先がさーっと引いてしまう可能性も
あるからね。」

「なるほど……そういえば，亡くなった社長も，以前取引先
の社長が亡くなった時に言ってましたね。『社葬もしないよ
うな会社とは付き合えるか，創業経営者を何だと思っている
んだ』って。」

「そうなんだ，社長もこんなことになるとは思っていなかっ
たから，何も対策はしていなかったけど，社葬をしっかりと
やって，後継者にきちんとした挨拶してもらって，会社の新
体制をアピールしろよって，天国から思っているはずなんだ

よね。」

「奥様はなんと？」

「社葬は，嫌だと……，『社長といえども，私たちにとっては大事な家族なんですから，家族や親しい友人たちだけで見送ってあげたい』ってさ。」

「なんか，社長も浮かばれないですね。」

「だったら，遺族による葬儀と会社による葬儀を一緒に開催する合同葬方式ではなく，両者を別個に執り行うお別れ会方式ではどうですかと，提案したんだけど……」

「合同葬方式？　お別れ会方式？　何が違うんですか？」

「合同葬方式の場合には，死亡後すぐに，遺族による葬儀と会社による葬儀を一緒にやるんだ。今回であれば，『天内家，天内インダストリー株式会社合同葬』という形だね。」

「なるほど。合同葬だと，社葬も一緒に執り行われるから，奥様のいう家族や親しい友人たちだけで見送ってあげることができないというわけですね。」

「そうだね。だから，遺族による葬儀を『密葬』という形でこっそりやって，後日，別途会社がお別れ会を主催して行う形を提案したのだけど……」

「それが，お別れ会方式というやつですね……奥様はなんと？」

「奥様からは『取引先や見知らぬ人ばかりで気を遣うなんてまっぴらごめん，葬儀なんて1回でいいじゃない』なんて言われてしまってね。」

「そんな……創業家なんですから，責任を持ってくれないと。で，でも，会社が主催するお別れ会なのだから，奥様は無視してやっちゃえばいいじゃないですか？　会社としてやるものなんだし，ご遺族は不参加で，みたいな形で……」

「いやいや，会社のお別れ会といっても，遺族の協力なしにはとてもできないんだよ。遺族がいなければ不自然だし，社長のゆかりの品コーナーとか動画とか作る際にも，社長の家族の協力は必須だしね。」

「なるほど……でも，合同葬もしない，お別れ会もしないとなると，会社はどうなるんですかね。まぁ，費用が一切かからないという意味では資金繰りとしては楽ですが。」

「何言っているの，社葬をやらないことで，もしも得意先が離れてしまうようなことがあったら，大変だよ。短期的な資金繰りも重要だけど，長期的な資金繰りへの影響の方が怖いよ。」

「確かに，そうですね……」

「何にせよ，取引先への連絡をどうしようか。もしも，取引先に社長死亡の連絡が漏れてしまったら，家族の葬儀に取引先が押しかけてしまうかもしれない。それでは，奥様に何を言われるかわからん。」

「それはまずいですね……実は，数社から社長が亡くなった
のか，と問い合わせが来ておりまして。」

「あああ……どうすればいいんだ……」

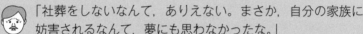「社葬をしないなんて，ありえない。まさか，自分の家族に妨害されるなんて，夢にも思わなかったな。」

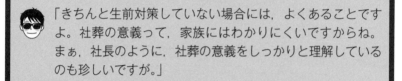「きちんと生前対策していない場合には，よくあることですよ。社葬の意義って，家族にはわかりにくいですからね。まぁ，社長のように，社葬の意義をしっかりと理解しているのも珍しいですが。」

「そんなの常識でしょう。取引先に合わせる顔がないよ。身内の中に敵がいるとは……」

「常識は人それぞれですから。奥様には奥様の言い分があると思いますが……，何はともあれ，社長が生前から対策していなかったのが一番の原因ですから，奥様を一方的に責めることはよろしくないと思いますよ。」

「まぁ……まさか，死ぬとは思っていなかったからな。」

「人間の死亡率は100％ですから。仮に，家族が社葬に賛成していたからといって，必ずしも上手くいくわけではないですからね。」

「えっ？　家族が社葬に賛成してくれていたら，問題なかったでしょう。なんで，上手くいくわけではないんですか？」

「社葬を開催するにあたって，決めなければならないことは山のようにありますよね。例えば，参列者の選定やその連絡

先の共有です。もし，連絡すべき人への連絡が漏れてしまった場合，どうなると思いますか。もし，この方が取引先であれば，もう二度と取引してくれませんよ。「葬儀は，縁切り場」ともいわれていて，社葬においては特に参列者の選定や連絡に気を遣う必要があります。」

「全くそのとおりだな。」

「では，社長。万が一の場合の参列者の選定やその連絡先の共有については……」

「うう……何もしていないな。」

「社葬をやるとして，席次はどのように決めればよいのでしょう。挨拶は誰にお願いするのが適切ですか。供花の配列順位に……それから……」

「もう十分に言いたいことはわかったよ。私が，しっかりと生前対策をしていないから，社葬をしてもきちんとしたものができるかはわからないってことだろう。」

「呑み込みが早くなりましたね。経営者の突然死に向けた対策を取っていないと，こんなことになるんですよ。」

1 社葬（団体葬）とは何か

■ はじめに

そもそも，「社葬（団体葬）」とは一体どんな葬儀なのでしょうか。
「社葬（団体葬）」の具体的な内容について解説します。

2 葬儀と社葬（団体葬）

ア 葬儀とは

「葬儀」とは，「葬送儀礼」の略語で，一般的には故人の冥福を祈
り，葬る儀式とされています。「葬儀」については，色々な解釈があ
るようですが，端的に，人の死によって営まれる儀式と捉えてよい
でしょう。

なお，一般的によく使われる「葬式」という言葉は，上記「葬儀
式」（「葬儀」の儀式であり，宗教的な意味合いの強い儀式）と「告別式」
（社会的な儀式）という言葉が合わさってできた言葉とされています。

イ 社葬（団体葬）とは

「社葬（団体葬）」とは，規模に関係なく，会社（団体）が運営主体
となって，費用を負担する葬儀を指します。一方で，「個人葬」と
は，会社（団体）ではなく，個人が運営主体となり，費用を負担す

る葬儀を指します。

　なお，中小企業の経営者が死亡した場合，相続税対策の観点から，葬儀費用を遺族（創業家）が負担する一方で，会社が運営主体となる「社葬」という形で葬儀が執り行われるケースがあります。葬儀費用については，相続税計算の際に，一定の範囲で遺産総額から差し引くことができ，相続税を節税することができるためです。

❸ 社葬（団体葬）の形態

　社葬（団体葬）においては，経営者が死亡した直後の葬儀だけを執り行う場合と，準備に要する期間等の関係から，死亡した直後の葬儀とは別個に葬儀を執り行う場合があります。

　一般的に，前者のケースを「合同葬」方式といい，後者のケースを，「お別れ会」方式といいます。

　「合同葬」方式においては，経営者の死亡直後に，個人葬と社葬（団体葬）を一緒に執り行うこととなります。一方で，「お別れ会」方式においては，経営者の死亡直後に，近親者のみで密葬（広く告知・案内を行わない葬儀）[1] を行い，日を改めて，お別れ会等[2] を執り行うこととなります。

1　告知を行って執り行うこともあります。
2　近年においては，「お別れ会」という形での開催が増えましたが，「社葬（本葬）」という形で厳粛な雰囲気のもとで執り行うケースもあります。

4 合同葬方式について

ア　合同葬とは

　合同葬とは，遺族による個人葬と会社による社葬（団体葬）を一緒に執り行う葬儀を指します。

　通常，「○○家，株式会社○○合同葬」という形で執り行われますが，会社（団体）が運営主体となって費用を負担する形であれば，「社葬（団体葬）」に分類されることとなります。

　なお，合同葬は，上記のとおり個人葬も兼ねるものとなるため，経営者の遺族の意思や宗旨等が反映されることとなります。

イ　合同葬方式による葬儀の流れ

　合同葬を執り行う場合，一般的に以下のような流れとなり，経営者の逝去から約1週間～10日前後で，合同葬を執り行います[3]。なお，このような社葬の形態については，会社の規模が比較的小さく，経営者個人の私的な付き合いと経営者としての公的な付き合いが重なる場合等に多く見られます。

約1週間～10日前後

経営者逝去 合同葬
（個人葬＋社葬）

3　例外もあります。

ウ　合同葬方式で執り行う場合の遺族のメリットと注意点

　合同葬においては，通常，葬儀会場や祭壇の費用等を会社（団体）が負担するため，遺族にとっては葬儀費用に関する経済的負担を軽減することが可能です。また，遺族が香典を受け取る場合には，相続税や贈与税[4]がかからず，無税で受領することが可能です。

　なお，経営者の遺族が葬儀費用を負担する場合には，相続税の計算上，遺産総額から差し引くことができる範囲について，事前に税理士に確認をされるとよいでしょう。

エ　合同葬方式で執り行う場合の会社のメリットと注意点

　まず，合同葬は，経営者の死後約1週間〜10日前後で行うものであり，短期間で終わるため，通常業務への影響が少ないことがメリットとして挙げられます。ただし，裏を返せば，約1週間〜10日前後という非常に短い時間で，経営者の遺族と意見調整をし，準備を行わなければならず，非常にタフな対応が必要となります。特に，総務部の従業員の負担は大きいものと考えられるため，注意が必要です。

　また，葬儀費用につき，遺族に一部を負担してもらう場合には，会社の経費負担を削減することが可能となります。

　さらに，故人と直接のお別れができる場を会社関係者や取引先等の多くの人へ提供できるという点もメリットとして挙げられます。

　なお，早期に会社の新経営体制が万全であること等を示すことが

4　常識的な範囲内での香典に限ります。故人や喪主の社会的地位等に比して，高額な香典である場合には，贈与税の対象となる可能性もありますので，注意が必要です。

できれば，社長死亡による会社経営への影響を最小限に食い止めることができるでしょう。

5　お別れ会方式について

ア　お別れ会とは

お別れ会については，明確な定義はなく，宗教儀礼を伴わない社葬（「葬儀式」を省略した社葬）とイメージされるとよいでしょう。

近年では，「社葬（本葬）[5]」となると，宗教的な色彩や儀式的な要素が強くなるため，そのような要素を払拭すべく，「お別れ会」という形式で執り行われることが多くなりました。

イ　葬儀の流れ

お別れ会を執り行う場合，一般的に以下のような流れとなり，経営者の逝去から5日〜1週間前後で密葬を行い，逝去後40日前後[6]に社葬等を執り行います。なお，このような社葬の形態については，会社の規模が比較的大きく，経営者個人の付き合いと経営者としての付き合いが重ならない場合等に多く見られます。

5　近親者による密葬（個人葬）を行った後に，別途執り行う「葬儀」を指します。

6　開催時期は，ケースバイケースとなります。

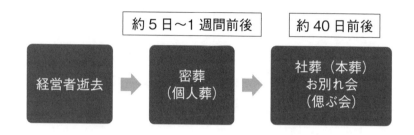

約5日〜1週間前後　　　約40日前後

経営者逝去　→　密葬（個人葬）　→　社葬（本葬）お別れ会（偲ぶ会）

ウ　お別れ会方式を執り行う場合の遺族のメリットと注意点

　故人が会社経営者であっても，遺族から見れば，大切な家族の一員であり，近親者だけで静かに故人とお別れがしたいという希望を持つことは，自然な感情といえます。近親者による密葬とお別れ会等を別個に執り行うことで，このような遺族の希望を叶えることが可能です。

　一方で，密葬とは別個にお別れ会等を執り行うことで，遺族においては，社葬を行う会社側の意向との調整等，合同葬では必要がない対応事項が増え，負担が大きくなる恐れがある点に注意が必要です。

エ　お別れ会方式を執り行う場合の会社のメリット・注意点

　社葬（本葬）やお別れ会（偲ぶ会）は，経営者逝去後概ね40日前後に執り行われるケースが一般的です。そのため，経営者逝去後，相応の時間をかけて社葬等の準備を行うことが可能となります。

　しかし，事前の準備が不十分な場合には，会社担当者が日常業務と並行して不眠不休の対応を迫られる可能性があり，通常営業への影響が大きくなる恐れがある点に注意が必要です。

　また，個人葬（密葬）を別途執り行うため，経営者の逝去等に関

する情報管理が重要になる点に注意が必要です。近親者以外の取引先等の会社関係者が続々と個人葬に参列することとなると，収拾がつかなくなってしまうばかりか，遺族との関係が悪化し，社葬等を適切に実行することができなくなる可能性があるためです。

2　社葬の必要性

■ はじめに

なぜ大企業だけでなく中小企業においても，社葬は必要なのでしょうか。

社葬が持つ役割から，その必要性について考えてみたいと思います。

■ 中小企業における社葬の役割について

社葬の役割は，以下のとおり考えることが可能です。

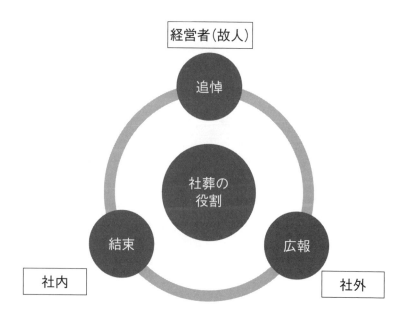

経営者(故人)

追悼

社葬の
役割

結束　　　広報

社内　　　社外

ア　社長（故人）への「追悼」

　まず，会社の葬儀として執り行う以上，当然に，故人となった経営者の生前の功績を讃えるとともに，故人を「追悼」する役割を持つこととなります。なお，同時に，経営者の遺族に対しては，経営者の功績を伝えるとともに，弔意を示すものともなります。

イ　社外に対する「広報」

　次に，社葬を執り行うことで，顧客や取引先等に対し，後継者となる次期経営者を示すとともに，新体制を報告することで，会社の将来が盤石であることをアピールする，「広報」としての役割を持つものといえます[7]。

ウ　社内の結束強化

社葬は，上記のとおり，社外への「広報」の役割もあり，「絶対に失敗してはいけない会社行事」の1つとなります。

合同葬であれば1週間程度，社葬やお別れ会等であれば，1か月半程度，会社の従業員が一丸となって対応しなければならない状況となり，経営者を失い混乱状態にある会社内の結束力を高める機会となります。

---

11 Column
社葬の実際

日本で最も有名な社葬といえば，某朝の連続ドラマでも取り上げられた，日清食品創業者の安藤百福氏の社葬でしょう。晩年，安藤氏が宇宙食ラーメンの開発に力を注いでいたことから，大阪市の京セラドーム大阪を貸し切り，「宇宙葬」をテーマに盛大に執り行われました。この社葬の模様は，様々なメディアでも取り上げられ，「広報」の役割を十二分に果たしました。

海外の事例ですが，アップル社のスティーブ・ジョブズ氏が亡くなった際は，追悼式の様子が世界中のアップルストアにおいて同時中継されました。このとき，世界中のアップルストアが3時間休業となり，式典の様子を従業員が見られるように配慮され，「社内の結束強化」という役割も果たしました。

7　また，顧客や取引先等に対し，経営者が生前にお世話になったことへの感謝の意思を表明するという機会と考えることもできます。

3 社葬が事業承継へ与える影響

　社葬には，上記のとおり，社外に対する「広報」の役割があります。これは，事業承継を行い，会社を存続させるうえでは非常に重要な役割となります。

　通常，会社のトップである経営者の死は，会社の事業運営に多大な影響を与えます。顧客や取引先からすれば，「故人に代わる後継者は誰になるのか」，「どのような経営体制が敷かれるのか」，「業務に支障はないのか」等，会社の今後について，強い関心を持つこととなります[8]。

　しかし，顧客や取引先等関係各所すべてに対して，後継者自らが挨拶回りを行い，会社の経営体制や今後について一から説明をしてまわることは，時間もコストもかかり，現実的ではありません。

　ここに，「社葬」を執り行う意義があります。つまり，社葬を執り行うことで，顧客や取引先等に対し，一斉に，後継者となる次期経営者を示すとともに，新体制を報告することで，会社の将来が盤石であることをアピールすることができます。これにより，顧客や取引先等の信頼関係を維持・継続し，取引関係の継続を図ることが可能となります。

　また，社葬後に会葬御礼の挨拶回り等を行うことで，従前の関係が希薄になっていた取引先等とのフックを作り，ビジネスチャンスにつなげることも考えられます。

8　特に，企業間取引（BtoB ビジネス）がメインの企業においては，取引先から，後継者が誰なのか，どのような経営体制となるのか等について，シビアな目で見られるものといえます。

このように，社葬を適切に執り行うことは，「ピンチをチャンスに変える」，事業承継にとってプラスとなる要素が多いといえます。

なお，注意しなければならないのは，社葬を執り行わない場合や適切に開催できなかった場合です。

社内の様々な事情により，社葬を執り行うことができないケースもあります。この場合，顧客や取引先にとって，社葬を執り行わないことがどう映るかを考えておく必要があります。顧客や取引先の経営者が比較的高齢の場合には，「会社を築き上げてきた創業者の社葬も執り行わない会社なのか」と悪い印象を与えかねず，最悪の場合，取引停止という結果になる可能性があります。何かしらの代替案を考える必要があるといえるでしょう。

また，社葬は行ったものの，適切な運営ができず，社内が混乱しているといった印象を持たれては，かえってマイナスとなる可能性

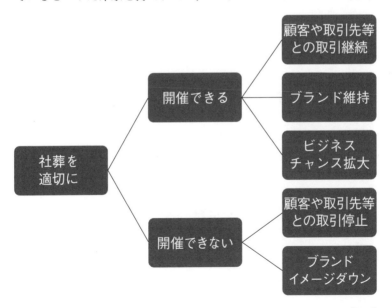

もあります。なお，顧客や取引先に対し，社葬の案内漏れがあり，参列できなかった場合には二度と取引をしてもらえない可能性があると心得ておいたほうがよいでしょう。

このとおり，社葬の対応一つで，会社の運営に重大な影響を与える可能性があります。事業承継においては，社葬対応は非常に重大なプロジェクトとして考えておくとよいでしょう。

12 Column

社葬で動く金融機関評価／与信評価

社葬は，取引銀行をはじめ，得意先・仕入先・外注先といった取引先等，多くの関係者が多数参加します。そして，各参加者は，社葬の内容や段取り等の会社の対応をよく観察しています。

仮に，社葬の内容が悪く，段取りにも問題があった等の場合には，各金融機関における評価を下げられる可能性があります。実際に，事業承継に関する評価項目において，社葬への取組みを評価する金融機関もあるようです。また，仕入先等についても，与信における評価を下げられれば，決済条件の変更を求められるかもしれません。大口の取引先であれば，資金繰りの悪化に直結する重要な問題です。

金融機関や取引先の評価を下げられないためにも，適切な対応が求められる点に注意しましょう。

❸ 経営者突然死後の社葬対応

❶ はじめに

経営者が突然亡くなった場合，社葬については，実際にどのよう

に対応すればよいのでしょうか。社葬への対応の流れとともに，注意すべきポイントについて解説します。

2 社葬対応の流れ

ア　全体の流れ

社葬対応については，以下のような流れとなるケースが多いでしょう。

```
会社として     遺族との      社葬方針等の
の意思決定  →  協議・調整  →   最終決定   →  準備・対応
```

イ　会社としての意思決定

社長逝去の一報を受けた場合，速やかに緊急の取締役会や管理職による会議等を開催し，社葬を執り行うかどうか等について協議し，会社としての意思決定を行う必要があります。

なお，社葬を執り行うかどうかについては，前述の「社葬の役割」等に照らし，慎重な判断が求められます。特に，会社がBtoBビジネス（顧客層が，個人ではなく，法人となるビジネス）を行っている場合には，社葬の広報的役割が重大な影響をもたらす可能性もあるため，注意が必要です。

ウ　遺族との協議・調整

会社としての意思決定後，早急に経営者の遺族と「社葬」につき協議を行う必要があります。

仮に，会社として「社葬を合同葬で執り行いたい」との意思決定

をしたとしても，遺族側から「近親者だけで静かに見送りたい」等という要望がなされる可能性があるためです。

　遺族との信頼関係なくしては，後述のとおり社葬を適切に執り行うことは不可能です。遺族との関係を適切に構築するためにも，遺族の意向を尊重するとともに，誠意のある対応が求められます。間違っても，遺族の意思を無視して社葬を強行するようなことはあってはなりません。

　社葬に関する協議・意見調整後も，遺族とは密に連絡を取り合い，社葬の準備・対応を行う必要があります。

エ　社葬方針等の最終決定

　遺族との協議・調整のうえ，社葬に関する具体的な方針等について決定する必要があります。

　大まかな決定事項については，下記のとおりです。なお，これ以外にも，社葬方針等に関して決定すべき事項は多岐にわたります。詳細については，葬儀社と協議のうえ，対応するとよいでしょう。

要決定項目	注意点
社葬の予算	単に費用をかければよいというものではありません[9]が，無理のない範囲で，会社として捻出できる予算を検討し，葬儀社と協議するとよいでしょう。なお，葬儀費用においては，税務上損金処理ができる費目・できない費目がありますので，顧問税理士と協議のうえ，検討するとよいでしょう[10]。
社葬の形式	社長が生前信仰していた宗旨等によって，社葬の形式は影響を受けます。宗旨や菩提寺の有無等については，速やかに遺族に確認するとよいでしょう。
社葬規模	社葬の規模については，会葬者（参列者）数を見込んで決定することとなります。会葬者数については，取引先リストや年賀状，名刺等から予測していくこととなりますので，遺族との連携が不可欠です。
会葬者への連絡	会葬者への連絡については，遺族と連携をしながら会葬者リストの作成や連絡方法について協議をしていく必要があります。
葬儀社の選定	葬儀については，今なお地域差が色濃く出るものとなります。そのため，会社の本店所在地（営業所在地）と同じ風習の地域内にある葬儀社と相談するとよいでしょう。 　社葬の経験や実績，ノウハウ，サポート体制等を確認したうえで，しっかりと社葬をサポートしてくれる業者を選ぶとよいでしょう[11]。

9　一定の規模で適切に行うためには，社葬の予算として，500万円以上は見込んでおくとよいとされているようです。なお，様々な工夫により低コストで立派な社葬を執り行うケースもあるようです。

10　合同葬の場合には，遺族との費用配分についても検討しておく必要があります。

11　社葬は，「二代目（後継者）の襲名披露」といった広報的な要素もあり，安易にコストだけで選ぶことは避けたほうが無難です。

要決定項目	注意点
日時の決定	合同葬の場合には，ある程度日取りは限られることとなりますが，社葬（本葬）やお別れ会等については，会社側において裁量をもって決定することが可能です。 　裁量があるといっても，遺族の意向は無視できませんし，会社の繁忙期については避けるほうがよいでしょう。また，仮に土日祝に開催した場合には，休日出勤となり，別途人件費が発生する点に注意が必要です。 　そのため，通常，平日の午後 1〜3 時を目途に開催されることが多いようです。
葬儀場（会場）の決定	様々な事情を満たす葬儀場（会場）を選定しなければなりません。お別れ会については，近年ホテルの宴会場を利用して行うケースが増えてきたようです。なお，葬儀場（会場）については，取引先等の目もありますので，適切なグレードのものやアクセスのよい場所を選ぶとよいでしょう。
責任者等の選定	社葬は，会社を挙げた一大プロジェクトとなるため，少数の担当者だけで準備・実施できるものではありません。 　そこで，社葬の規模にもよりますが，会社内に運営組織を別途構成し，責任者等を選定する必要があります。

オ　準備・対応

　社葬方針の決定後は，社葬に向けて，各役員・従業員が一丸となって準備に取り組む必要があります。

　生前，経営者が何も準備していない場合には，一から準備をしなければならず，担当部署（主に総務部）によっては，通常業務と並行して社葬対応に追われ，不眠不休状態で準備や対応にあたらざるを

得ない状況に陥ります。

　社葬への準備・対応については，できる限り担当業務を分散し，一部の従業員（特に，総務部）へ負担が集中しないよう対処しましょう。

③ 社葬実施において注意すべきポイント

ア　はじめに

　社葬実施において，特に注意すべき3つのポイントについて解説します。

イ　遺族との連携・協力

　繰り返しになりますが，社葬を成功させるためには，遺族との連携・協力が不可欠です[12]。

　一方で，上記②ウ「遺族との協議・調整」段階において，社葬の方針等に関し，会社と遺族の意見が真っ向から対立し，遺族との関係が悪化するケースが少なくありません。

　遺族との協議においては，細心の注意を払い，会社・遺族双方が納得できる方法を模索するとよいでしょう。

ウ　「葬儀は，縁切り場」にご用心

　どのような理由であれ，取引先に対し，社葬への案内を出さない

12　遺族からは，経営者の遺影，友人・知人の連絡先をはじめ，ゆかりの品の提供を受けることがあります。また，経営者に関する動画作成を行う場合等もあり，あらゆる場面で，連携・協力が必要となります。

ということは，会社から「縁切り」を宣告したことと同義とみなされる可能性があります。

　この場合，その取引先との取引停止はやむを得ないと覚悟した方がよいでしょう。

　このため，参列者の選定については，特に気を付ける必要があります。

エ　良い意味で記憶に残る社葬

　社葬には様々な形態がありますが，例えば，席次や取引先挨拶がある形態の場合には，どのように席次を決めるのか，誰に挨拶をしてもらうのか，については，非常に繊細な問題となります[13]。取引先へ不快感を与えないよう十分に配慮する必要があります。

　また，形式的にただ社葬を執り行っただけでは，事業承継に向けたアピールとはならず，取引関係にマイナスの影響を与えてしまう可能性があります。

　社葬の企画段階で，進行等といった社葬の形式面にとらわれず，いかに会社の将来を「広報」すべきか，という視点で検討しておくとよいでしょう。

13　供花の配列順位，焼香順位，弔電の扱い等についても同様の問題が生じます。

なんといっても，生前対策が一番

　生前から，社葬について考えることができる経営者は，皆無でしょう。

　しかし，社葬を執り行うにあたっては，事前に決定すべき事項が山のようにあり，最も正確に判断できるのは，経営者以外にいません。

　時間がかかる後継者育成等の事業承継対策と並行して，万が一のための社葬対策も検討することが重要です。

天内　松子
天内社長の妻で専業主婦（66歳）
社長とはお見合い結婚。結婚前は百貨店勤務。

天内　健司
天内社長の長男（37歳）
大手商社紅丸商事勤務。

松子
「あー，健司。今日は来てくれてありがとう。もう聞いてよ！　社長をやる人がいないからって東尾が言うもんだから，仕事は何もしないっていう条件で，仕方なく社長になってやったのよ。なのに，社長になったとたん，あれもやってくれ，これもやってくれって……」

健司
「かあさん，会社の社長が仕事をするのは当たり前だろう，会社潰れちゃうよ。」

「他にも葬儀のこと……」

「今度詳しく聞くからさ……今日は，相続の話なんだろう。この後，前泊の出張があるから，早めに出ないといけないんだ。それで一応，戸籍謄本を全部調べたけど，相続人は，かあさんと僕と梅子（長女）の３人だったよ。」

「当たり前じゃない」

「いや，もし父さんが実は再婚で，前妻との間に子どもがいたら，その子も相続人になるんだよ。」

「うちの場合は初婚だから，問題ないわね。まぁ，仮に前妻との間に子がいたとしても，絶対に遺産は渡さないけどね。」

「まぁまぁ。次は，相続財産だけど……調べてみたら，こんな感じだったよ。」

天内彰浩遺産明細	
第1　不動産（自宅）	
・土地	都内50坪
・建物	築35年
第2　預貯金	
1　●●銀行　普通預金	600万円
2　▼▼銀行　普通預金	100万円
第3　有価証券	
天内インダストリー㈱	700株
第4　その他	
経営者貸付金	2,000万円
第5　債務	
連帯保証	1億6,000万円（▼▼銀行）

「ありがとう。大変だったでしょう。」

「税理士の縦張先生も迅速に対応してくれたし，意外にも，父さんがちゃんと整理してくれていたから助かったよ。一応，これで網羅できていると思う。ところで，相続はどうするの。母さんが全部相続するって形かな。俺は，連帯保証もあるから相続放棄しようと思っているのだけど。」

「梅子とも相談だけど，梅子は私と同居しているから，まぁ私が相続して，一緒に使う感じかな。」

「ところで，老後資金としては足りないようだけど，大丈夫なの？」

「足りないわよ。保険も一部解約していて，十分な金額じゃなかったし。」

「会社からの死亡退職金とかもあるから，お金は入ってきたんじゃないの？　あと，経営者貸付金もあるし。」

「それが，会社の資金繰りがきついとかで，死亡退職金もそんなに支払えないとか言うのよ。経営者貸付金も少しずつとか言っているし。」

「まぁ，中小企業はどこも大変だからね。あ，縦張先生から，チラッと話を聞いたのだけど，もしかすると相続税がかかるかもしれないから，遺産分割については相談してくださいって言われたよ。」

「そんな……相続税なんて支払えないわよ。」

「確か配偶者が相続するときは相続税がかからないとか，聞いたことあるよ。」

「良かった……でも，ちょっと，確認してみてよ。」

「妻が社長なんて……」

「まぁ，息子さんや娘さんがやれないのであれば，奥様しかやる人がいないでしょう。そんなのわかっていたことじゃないですか。」

「うぅ……死ぬとは思っていなかったから……って言ったら，人の死亡率は 100 ％とか言うんだろう？」

「よくわかっているじゃないですか。流石ですね。でも，社長には隠し子とかはいないですよね。中小企業の経営者には隠し子がいて揉めるケースがよくあるので，よかったです。」

「そんなことがあるのか……まるで，ドラマだな。」

「見知らぬ第三者が相続争いに入ってきてしまうと揉めますからね。まぁ，兄弟姉妹間でも揉めますが……。今回は奥様がご存命なので，争いは表面化しませんでしたが，もしも奥様が先に亡くなられていたら，大変なことになっていたかもしれませんね。」

「なんで？」

「息子さんとお嬢さんは，法律上 1：1 の取り分で遺産を分け合うこととなりますが，この財産構成では，上手く分けることが難しいでしょう。会社を誰が引き継ぐかという問題にも直結しますが，会社経営に興味のない人からすれば，株式な

んて財産的価値があってないようなものですし。」

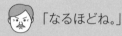「なるほどね。」

「子どもが2人以上親の会社で働いていると権力争いになる
ケースもあります。今回は，全然マシな方ですよ。」

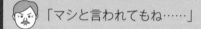「マシと言われてもね……」

「あ，息子さんが相続放棄と言っていますが，相続放棄は認
められない可能性がありますよ。なので，息子さんが，連帯
保証債務を4,000万円程負う可能性がありますね。」

「なんで相続放棄が認められないんだ？」

「まず，相続放棄が認められるためには，裁判所での手続が
必要となります。家族間で，相続放棄するからといっても，
認められません。」

「そうなの。知らなかった。」

「そんなに面倒な手続でもないので，裁判所のホームページ
を見ながら自分でできますが，仮に，相続放棄の手続を行っ
たとしても，相続放棄が認められる前に，故人のプラスもマ
イナスも含めた相続財産を無限に承継するという単純承認を
してはいけないこととなっています。」

「まぁ，反対のことだから，そりゃそうだね。」

「で，法律上，単純承認というのは，相続放棄の手続前に，相続財産の一部でも処分したときには，単純承認したものとみなされてしまうんです。」

「へー。うっかり，一部でも処分しちゃうと駄目なんだね。でも，なんで今回，認められないの？　息子は，たぶん私の財産を処分していないと思うよ。」

「はい，実は，息子さんは，社長から相続した株式の議決権を行使しています。相続した株式の議決権の行使は，「相続財産の処分」とされてしまう可能性があるんです。」

「へー，じゃあ息子も相続したことになって，4,000万円の負債を背負う可能性があるっていうことか……それはかわいそうだな。」

「かわいそうだなって，そんな他人事みたいに……。一応，何も会社に関する財産を相続していない場合，銀行によっては連帯保証人から外してくれるケースもあるようです。ただ，こちらから銀行にお願いしないとやってくれないらしいので……」

「じゃあ，息子に教えてあげてくれ。」

「そういったことは，出来かねます……」

1 相続に関する基本的な手続の流れ

1 はじめに

　相続は，誰もが一度は経験し得る，最もポピュラーな法律問題の1つといえます。

　しかし，相続やその手続については細かな制度も多く，全体像がつかみにくいものといえます。そこで，まず，相続に関する手続の全体像から解説したいと思います[1]。

2 相続手続の全体像

ア　相続制度の目的

　相続制度の目的は，「亡くなった人（故人）の財産を，生きている親族（遺族）が引き継ぐこと」にあります。

　相続制度に関する手続（以下，「相続手続」といいます）は，故人[2]の財産を親族が引き継ぐために行われるものとなります。

1　故人（被相続人）の遺言が存在しない場合を想定しています。

2　通常，相続される人を「被相続人」と呼びます。ただ，一般の方からすると，「被相続人」「相続人」という表現だけで，わかりにくいと敬遠されてしまうケースが多いため，本書においては，「被相続人」という表現は避け，あえて「故人」という表記を使用します。

イ 相続手続の基本的な流れ

上記目的を実現するため，相続手続においては，「誰が」，「何を」，「どのように」引き継ぐのかが，ポイントとなります。

そのため，相続手続については，以下のような流れで考えるとよいでしょう。

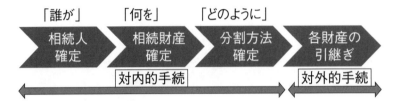

① 相続人確定（誰が相続するのか？）

まず，相続手続においては，誰が「相続人」となるか，を確定する必要があります。

❶ 相続人とは？

「相続人」とは，故人の財産を相続する権利のある親族のことを指します。

相続人は，民法という法律において定められており，原則として，以下の親族が「相続人」となります。

常に相続人となる親族	配偶者
配偶者以外で相続人となる親族	第1順位　子
	第2順位　直系尊属
	第3順位　兄弟姉妹

　　故人の配偶者は，常に「相続人」となりますが，配偶者以外の親族は，相続人となる順位が定められており，先順位の親族

がいない場合にはじめて，後順位の親族が「相続人」となります。

　冒頭のエピソードのような中小企業の男性経営者の場合，基本的には，配偶者である妻と子が相続人となります。子がいない[3]場合等には，上記の順位に従い，故人の直系尊属や兄弟姉妹が，配偶者とともに相続人となります。

Column 14

子のいない夫婦の相続の注意点

　一般に，子のいない夫婦については，相続において注意が必要です。例えば，経営者である夫が亡くなった場合，夫婦間で子がおらず，かつ夫の両親が既に亡くなっていれば，夫の兄弟姉妹と配偶者である妻が相続人となります。

　兄弟姉妹の法定相続分は4分の1と定められているので，状況次第では，夫の遺産のうち，4分1を夫の兄弟姉妹へ渡さなければならなくなってしまう可能性があります。

❷　相続人の確定

　親族間において，相続人が誰であるかは明白であり，わざわざ確定するまでもありません。

　しかし，後述のとおり，「各財産の引継ぎ」段階において，第三者との間で手続を行う場合には，故人の出生から死亡に至るまでの戸籍謄本を要求されます。第三者においては，相続人が誰であるかは明白ではなく，仮に，別の相続人が存在すること

3　故人が再婚している場合，前配偶者との子も相続人となる点に注意が必要です。

が判明した場合には，後でトラブルに巻き込まれる可能性があるためです。

　そのため，親族間においても，早い段階で，故人の戸籍謄本を取得し，客観的にも相続人が誰であるかを確定しておくとよいでしょう。

戸籍と相続人の関係

　戸籍とは，出生，親子関係，養子関係，婚姻，離婚，死亡等の身分関係が登録されたもので，かつこれらを証明するものです。そのため，原則として，相続人確定に必要な情報が，すべて戸籍に反映されています。なお，戸籍は，身分の変動等により，戸籍から戸籍を渡り歩くことになりますので，死亡時の戸籍から出生時の戸籍までたどっていく必要があります（特に，本籍地が移動している場合には注意が必要です）。

　相続人確定で注意すべきは，「子」と「兄弟姉妹」です。

　「子」については，故人が男性の場合で，前妻との間に「子」がいる場合には，その「子」も相続人となります。また，故人が，婚外子を認知していた場合にも，その「子」は相続人となります。

　「兄弟姉妹」については，異父兄弟，異母兄弟の存在に注意が必要です。例えば，故人の父や母に離婚歴があり，別の配偶者との間に「子」がいる場合には，いわゆる「半血兄弟」（父母どちらか一方のみを同じくする兄弟）として，この「子」にも相続する権利が認められるためです。

　このように，相続人調査の結果，全く想定していない相続人が出てくる可能性があるため，早急に戸籍謄本を取り寄せるとよいでしょう。

②　相続財産確定（何を，相続するのか？）

　次に，相続手続の対象となる，相続財産（いわゆる遺産）の範囲を確定する必要があります。

残念ながら，人が亡くなったときに，亡くなった故人の相続財産が自動的にリストアップされるような仕組みは存在しません。

　このため，故人の相続財産については，相続手続の当事者である相続人が，地道に故人の財産の調査を行い，1つずつ財産状況を明らかにする必要があります。

　一般的な相続財産の有無については，以下の表を参考にして確認するとよいでしょう。

財産の種類	調査方法
預貯金	通帳やキャッシュカードの有無等により，預貯金の存否を確認します。なお，いわゆるネット銀行においては，通帳やキャッシュカードが存在しない場合があるので注意が必要です。
不動産	基本的には，遺族の認識をベースとして登記簿を確認することとなります。なお，毎年4～6月頃に発送される固定資産納税通知書等により，認識に漏れがないかどうかを確認するとよいでしょう。
上場企業株式等の金融商品	証券会社の口座開設に関する書類等により，証券会社における証券口座の有無を確認します。なお，いわゆるネット証券口座においては，書面が存在しない可能性がありますので，実際にパソコンやスマホ内にアクセスをして履歴を確認する必要があります[4]。
生命保険	生命保険は，保険金の受取人の固有の財産とされており，故人の相続財産ではありませんが，故人の死亡により発生するものですので，生命保険証書等を確認し，早急に保険金請求を行いましょう（別途P52参照）。
その他財産	その他の財産については，遺品整理等により確認し，書画骨董品等の価値の高いものについては，別途相続財産に含めて検討されるとよいでしょう[5]。
借入金等の債務	故人が負っていた借入金等の債務については，契約書や請求書等を確認し，その存否を調査します。

③　分割方法確定

　最後に，相続財産をいかに分割するか，分割方法を確定する必要があります。

　故人の遺産を，相続人間でどのように分割するかを決定すること（これを「遺産分割協議」といいます）は，相続手続のなかで最も重要な段階といえます。

❶　分割方法の決定について

　相続財産の分割方法については，**相続人全員の合意**のもとで決定しなければなりません。分割案に対し，相続人のなかで1人でも反対する者がいれば，分割方法を確定することができません。

　相続人間での協議によっても分割方法を確定することができない場合には，調停や訴訟といった裁判所が関与する手続により解決を図らなければなりません[6]。

❷　分割方法の制限について

　「法定相続分」という言葉が世間一般に知られており，配偶者なら2分の1，子も2分の1等という形でイメージしやすいようですが，これはあくまで訴訟手続における解決となった場合の処理を想定したものですので，必ずしも「法定相続分」どおりに分割する必要はありません。

4　資料等がなくても，証券保管振替機構において，故人の口座開設先を確認できる場合があります。

5　近年では，ビットコイン等の暗号通貨へ投資される方も増えてきましたので，注意が必要です。

6　このような方法により解決を図らざるを得ない場合，最終的には相続人間において絶縁状態となる可能性が高いです。

相続財産の分割方法自体は，自由に決定することが可能です。

ただし，1人でも相続財産の分割方法について合意せず，裁判手続に移行してしまった場合には，法定相続分[7]に従って，相続財産を分割することが前提となってしまうため，分割方法について争いが生じてしまう場合には，法定相続分の割合をベースとした分割方法を選択せざるを得ない状況になります。

❸　遺産分割協議書について

相続人全員の合意のもと，相続財産の分割方法が確定した場合には，後々のトラブルを避けるため，また，後述の「各財産の引継ぎ」に資するため，『遺産分割協議書』という書面を作成します。

『遺産分割協議書』とは，故人の財産をどのように分割したかを明記する書面で，通常，相続人全員が署名押印するものとなります。

④　各財産の引継ぎ

故人の所持品（遺品）等のようなものであれば，相続人間で各遺品の引渡しを行うことにより「財産の引継ぎ」は完了します。

しかし，故人の相続財産のうち，預貯金，有価証券等については，金融機関が管理しており，金融機関での相続手続等を行わなければ，財産の引継ぎを行うことはできません。

また，不動産については，法務局で登記変更手続をしなければ，自身の法定相続分を超える権利の取得を，第三者に対抗する

7　民法900条に定められている，故人の相続財産に対する，各相続人が有する（相続できる）権利の割合を，「法定相続分」といいます。例えば，配偶者と子が相続人となる場合，配偶者は2分の1，子（全員）は2分の1となります。

ことはできません。

　このように，相続財産のなかには，第三者機関を通じて財産の引継ぎ手続を行う必要があるものがあります。このような手続においては，①故人の死亡や②相続人の範囲を客観的に示す資料（戸籍謄本等），③遺産分割協議書等，の資料の提出を求められます。

　これまでの手続とは異なり，相続人間だけで完結しない，対外的な手続である点に注意が必要です。

ウ　小括

　相続手続については，以上のとおり，4段階に分けて考えるとわかりやすいでしょう。

　なお，実際の相続手続は非常に複雑ですので，適宜，専門家に相談することをお勧めします。

❷　経営者の相続手続で注意すべきポイント

■ 相続財産について

　中小企業の経営者の相続においては，経営者特有の相続財産を有するケースが多いといえます。経営者特有の財産の調査方法とともに，遺族が注意すべきポイントについて解説します。

財産の種類	調査方法／注意点
非上場企業の株式	主に，故人が経営していた会社（以下，「自社」とします）の株式となります。自社の株式以外にも，付き合い等で他の取引先の株式を保有している可能性があるため，注意が必要です[8]。 中小企業の株式については，株券や株主名簿などにより，その存否や株式数を確認することとなります。 分割方法については，自社の経営を継ぐ相続人（後継者）が，故人の株式をすべて相続する形が望ましいでしょう[9]。相続人間で株式が分散することになると，会社の経営が不安定になるリスクが生じるためです。
経営者貸付金	中小企業の経営者が，自社に対して，資金需要に応じて，金銭の貸付を行っているケースは非常に多いといえます。 通常，経営者側において貸付金残高を明確に把握しているケースはまれであるため，貸付金残高については，借主である自社の会計帳簿を確認することとなります[10]。 経営者貸付金も，相続税の対象となりますが，会社の資金繰状況によっては回収可能性がない（弁済してもらえない可能性が高い）点に注意が必要です[11]。
知的財産	業種等によりますが，中小企業の経営者において，特許等の知的財産を有している場合があります。 知的財産については，「特許情報プラットフォーム（J-PlatPat）」というホームページにて検索することが可能です。 自社のビジネスにおいて，経営者が有していた知的財産が，重要な財産となっている可能性があるため，注意が必要です。
連帯保証債務	中小企業が，金融機関からの借入を行っている場合，金融機関から連帯保証が求められるケースが多く，通常，中小企業の経営者は，会社の銀行借入等の連帯保証人となっています。 この連帯保証債務についても，相続の対象となります。連帯保証債務を相続する場合，各相続人が法定相続分の限度で連帯保証債務を負う点に注意が必要です[12]。 　なお，遺産分割協議において，連帯保証債務を特定の相続人に集中させることはできますが，あくまで相続人間の取り決めにすぎず，金融機関に対して，この遺産分割協議の内容をもって，自分は連帯保証債務を負わない旨を主張することはできません。 ただ，上記のようなケースにおいて，他の相続人が連帯保証債務を負わないよう，金融機関が融通してくれる可能性はありますので，適宜相談に乗ってもらうとよいでしょう[13]。

16
Column
従業員からの借入金

　従業員から借入をしていた経営者が亡くなった際，経営者の自宅に，大勢の従業員が借用書を持参して返済を迫ってきたというトラブルが実際にあったようです。特に，個人的な借入については，弁済額が不明になりがちですので，注意が必要です。

2 中小企業経営者の相続人が注意すべき「相続放棄」

ア　はじめに

　経営者の相続人にとって，一番気になる点は，「連帯保証債務」でしょう。自分が何も相続しなければ，連帯保証債務なんか関係ないと誤解されている方も多いようですが，「相続放棄」という手続

8　自社で所有しているケースも多いです。

9　定款上，「相続人等に対する株式の売渡請求」に関する規定がある場合には，後継者以外の相続人が相続した株式を，会社に売り渡すことを請求することができます（会社法174条）。諸々の事情により，後継者が故人の株式をすべて相続することができない場合には，このような規定を利用することで，議決権割合を安定的に維持することが可能となります。

10　借入金残高を確認することとなります。

11　回収できないのに，相続税が課せられてしまうというケースは多いようです。

12　例えば，故人が1億円の連帯保証債務を負っていた場合，相続人が配偶者と子2人であれば，配偶者は5,000万円を限度に，子はそれぞれ2,500万円を限度に連帯保証債務を負うこととなります。

13　会社の経営に一切関与せず，かつ株式も保有していない相続人であれば，金融機関から連帯保証債務を免除してもらえる可能性があるようです。

を取らなければ，連帯保証債務からは逃れられません[14]。

「相続放棄」について，経営者の相続人が注意すべきポイントについて解説していきます。

イ　相続放棄とは

相続放棄とは，故人の相続財産（プラスもマイナスも含む）の引継ぎをすべて拒否すること（故人の遺産に関し，相続する権利をすべて放棄すること）をいいます。

相続放棄をする場合には，家庭裁判所[15]に対して，故人が亡くなった日[16]から3か月以内に手続をしなければなりません[17]。この手続を，「相続放棄の申述」といいます。そして，家庭裁判所において，「相続放棄の申述」が「受理」されることで，相続発生日（故人の死亡日）に遡って相続放棄の効力が生じることとなります。

なお，相続放棄の前に，「相続財産の処分」をしてしまうと，「単純承認」したものとみなされ，「相続放棄」が認められない可能性がある点に注意が必要です。

14　「限定承認」という手法も考えられますが，相続人全員の合意が必要であること，税務上の問題があること，手間（コスト）がかかること等から，あまり実務では利用されていません。そのため，本書では割愛します。

15　故人の最後の住所地を管轄する家庭裁判所となります。

16　民法上「自己のために相続の開始があったことを知った時」（民法915条1項）と規定されていますが，通常，遺族であれば「故人が亡くなった日」に，故人が亡くなったことを知り，ひいては相続の開始があったことを知ったものとされるのが一般的です。

17　他の相続人に対し，「相続放棄する」と伝えていても，「相続放棄」とはならない点に注意が必要です。

17
Column

単純承認と相続放棄

「単純承認」とは，相続人が，無限に故人の権利義務を承継すること
をいいます（民法920条）。

単純承認と相続放棄は，いわば相反関係にあり，「単純承認」が認め
られてしまえば，「相続放棄」は認められない点に注意が必要です。

以下の場合において，「単純承認」があったものとみなされてしまう
ため，相続放棄を考えている場合には注意をしましょう（民法921条
参照）。

①相続放棄の手続前に，「相続財産の全部又は一部」を処分したとき

②熟慮期間中[18]に相続放棄の手続をしなかったとき

③相続放棄後，相続財産の全部又は一部を隠匿し，私（的）にこれを
　消費したとき

18
Column

3か月間の熟慮期間

相続人は，自己のために相続の開始があったことを知った時から3か
月以内に，故人の相続について，①単純承認，②限定承認，③相続放棄
のいずれかの対応を取らなければなりません（民法915条1項）。この
3か月の期間を「熟慮期間」といいます。

本来，熟慮期間においては，故人の財産，特に借入金や連帯保証等の
債務について調査を行い（民法915条2項），相続するかどうかについ
て，まさに「熟慮」する必要があります。特に，経営者の相続の場合に

18　コラム18「3か月間の熟慮期間」参照。

は，会社の借入に関し連帯保証をしている可能性が高く，会社の経営状況次第では莫大な負債を抱える可能性があり，注意が必要です。

ウ　経営者の相続における相続放棄の注意点

中小企業経営者が突然死した場合，早急に株主総会を開催し，代表取締役を選任する必要が生ずる場合があります（P57）。

この場合，経営者の相続人については，株主総会において議決権を行使しなければなりませんが，相続放棄の申述受理の前に故人の株主権（議決権）を行使することは，「相続財産の処分」に該当するものとされており，単純承認したものとみなされます（東京地裁平成10年4月24日判決[19]）。

相続放棄を検討している相続人については，速やかに相続放棄の手続を行うとともに，株主総会の決議に参加しない等の対応が求められるといえます。

③　相続税について

１　はじめに

中小企業の経営者が死亡した際に，相続で問題となるのは，遺産分割だけではありません。特に，経営者においては，その相続財産自体の金額も大きいことから，相続税についても同様に問題となります。

19　当該裁判例においては，相続放棄の申述受理の前に，故人保有の株式の議決権を行使したことが，「相続財産の処分」に該当すると判示されています。

　相続税は，原則として，故人の死亡日[20] の翌日から 10 か月以内に相続税の申告をしなければならず，その際，現金による一括納付が原則とされています。

　そのため，思わぬ現金需要が発生する可能性があり，経営者の死後，速やかに相続税の申告に向けた相続税算定を行う必要があります。

　本節では，相続税申告の基本的な流れについて解説します。なお，相続税申告については，非常に複雑であり，速やかに相続税を専門とする税理士への相談・依頼を行いましょう。

2 相続税の基本的な流れ

ア　全体像

　相続税は，相続により，相続人が引き継いだ財産等に課税される税金です。

　相続税申告も，相続に関わる手続の一種であり，以下のような流れとなります。

```
相続人    相続財産    分割方法    相続税の
確定      確定        確定        確定申告
```

20　正確には，遺族が「相続の開始があったことを知った日」の翌日から 10 か月以内に相続税の申告書を税務署へ提出しなければなりません。なお，遺族は，故人が亡くなった日に死亡したことを知ることとなるのが通常ですので，「死亡日」と読み替えても差し支えありません。

イ　相続人の確定

　基本的には，相続手続と同様ですので，再度の説明は割愛します（P111）。

　なお，相続税の確定申告において，相続人が誰であるかの調査（相続人調査といいます）は必須であり，故人の出生から死亡までの戸籍謄本が必要となります。戸籍謄本の取り寄せについては，相続税申告を依頼した税理士でも対応可能ですので，まとめて依頼するとよいでしょう。

ウ　相続財産の確定

　基本的には，相続手続と同様ですので，再度の説明は割愛します（P113）。

　なお，相続税の確定申告にあたっては，各相続財産の実在性や故人死亡日時点における評価額等が重要となることから，以下の資料が必要となります。

　相続手続と並行して，下記のような資料の準備に早めに着手しておくとよいでしょう。なお，詳細については，相続税申告を依頼する税理士に確認しておくと安心です。

財産の種類	必要資料例
預貯金	・死亡日時点の預貯金残高証明書 ・故人の生前の取引にかかる通帳の写し
不動産	・登記簿謄本 ・固定資産税納税通知書 ・実測図等 ・賃貸借契約書等
上場企業株式等の 金融商品	・死亡日時点の各金融商品の残高証明書 ・配当通知書
非上場企業の株式	・直近3年分の法人税申告書一式 ・株主名簿
生命保険[21]	・保険金支払通知書 ・保険証書等
死亡退職金[22]	・支払通知書
その他財産	・各財産の所在等がわかるもの
借入金等の債務	・金銭消費貸借契約書の写し ・残高証明書
葬式費用	・領収書

エ　分割方法の確定

　基本的には，相続手続と同様ですので，再度の説明は割愛します（P115）。

　なお，後述のとおり，分割方法が確定しなければ，各相続人の相続税額は確定せず，また相続税額を減額する特例等も利用できない

21　本来「相続財産」には含まれないものですが，相続税の趣旨から，相続税の課税対象となります。

22　同上

ことがあります。

　そのため，相続税申告を行う場合には，余裕をもって，遺産分割協議を終了させる必要があります。

遺産分割協議の締め切りは，死亡日から10か月以内？

　遺産分割協議は，死亡日（の翌日）から10か月以内に行わなければならない，とよく誤解されています。

　しかし，民法上，遺産分割協議に関する期限は設定されていません。ただ，故人の死亡後10か月以内に相続税の確定申告を行わなければならないとされているため，上記のような誤解が生じているようです。

　相続税申告が必要な場合で，仮に10か月以内に遺産分割協議がまとまらなかった場合には，法定相続分に従って分割したものと仮定した未分割の状態で，相続税申告を行うこととなります。この場合，特例等も適用されない結果，いったん，多額の相続税を支払わなければならないことになる可能性があるため，注意が必要です。

オ　相続税の確定申告

　①　はじめに

　相続税の確定申告については，一般的な相続手続の延長線上にある手続です。

　税理士に任せておけば，後は勝手にやってくれるというものではなく，相続人の協力により，相続税の計算に必要な情報が集まって，初めて確定申告ができます。

　なお，税理士が相続人全員とコンタクトをとらなければならないとなると，双方にとって非常に面倒となります。そのため，税理士との連絡については，相続人のなかで1人，窓口となる人を

選んでおくとスムーズでしょう。

② 相続税計算の基本的な流れ

相続税の計算については，以下のとおり，4つのプロセスを経て行われます。以下，各プロセスの概要について説明します。

課税価格
の計算　▶　相続税
総額の計算　▶　各人ごとの相
続税額計算　▶　各人の納付
税額の計算

❶ 課税価格の計算

相続税の課税対象となる財産を集計するプロセスとなります。

相続税の課税対象となる財産については，相続人による地道な相続財産の調査が必要不可欠です。税理士の指示に従い，地道に相続財産調査を行いましょう。

❷ 相続税総額の計算

❶のプロセスにおいて集計された結果から，相続税総額を計算するプロセスとなります。

具体的な計算プロセスは割愛しますが，以下の計算式により，相続税の課税対象となる財産の合計額から基礎控除額を差し引いた金額が，プラスであれば相続税が発生することとなり，マイナスであれば相続税が発生しない点がポイントとなります。

「相続財産の合計額」－基礎控除額（3,000 万円＋600 万円×法定相続人の人数）

例えば，法定相続人が3名の場合，基礎控除額は，3,000 万円＋600 万円×3 人で，4,800 万円となります。相続税の課税対象

となる財産の金額が，4,800万円を超えれば相続税が発生し，以下であれば相続税が発生しないこととなります。

❸　各人ごとの相続税額計算

　❷のプロセスにおいて計算された相続税を，実際の各人の相続割合から按分し，各人の相続税額を計算するプロセスです。

　例えば，❷のプロセスで相続税総額が1,000万円と計算された場合で，配偶者が50％，子がそれぞれ25％ずつ相続により財産を得た場合，各人の相続税額は以下のとおりとなります。

配偶者：1,000万円×50％＝500万円

子1：1,000万円×25％＝250万円

子2：1,000万円×25％＝250万円

---

❹　各人の納付税額の計算

　❸のプロセスにおいて計算された各人の相続税額から，配偶者の税額軽減等といった各種の税額控除を行い，最終的な各人の相続税の納付額を計算します。❸で計算した相続税額をそのまま支払わなければならないわけではありません。

　特に，故人の配偶者については，配偶者の税額軽減という制度が利用でき，非常に優遇されています。遺産分割協議の内容次第では，各種制度を利用して最終的な相続税の納付額を抑えることも可能ですので，遺産分割協議の内容を確定する前に，相続税額についても見積計算をしてもらうとよいでしょう。

天内 松子
天内社長の妻で専業主婦（66歳）
社長とはお見合い結婚。結婚前は百貨店勤務。

奥手FA
M&A仲介会社担当者（29歳）
中小企業のM&A支援を得意としている。

奥手
「税理士の縦張先生からご紹介頂きました，M&A仲介をしております奥手と申します。」

松子
「奥手さん，今日は，お忙しいところ，わざわざありがとうございます。」

「とんでもございません。さて，今回は，相続された会社を売却されたいとのことで。」

「はい，私がやむなく代表取締役となりましたが，元々専業主婦でしたし，会社の経営なんて無理です。子どもたちとも相談して，一刻も早く売ってしまいたいと思いまして。」

「かしこまりました。まずは，M&Aの流れからご説明しましょう。M&Aは，会社同士の結婚にたとえられることもありますが，M&Aの手続は，まさに婚活（お見合い）に非常によく似ています。」

「あら，私も，夫とはお見合いでしたのよ。」

「そうでしたか，では，イメージもしやすいかと思います。ざっくり言うと，M&Aの手続は，以下のとおり3段階に分

かれます。」

売却先
探し　　　企業調査　　　手続実行

「売却先探しは，婚活でいえば，お相手探しですね。最近の婚活では，システムでマッチングするようですが，M&Aの場合，仲介業者のコネクション等で，関心のありそうな企業に声がけしていきながらマッチングをしていく形となります。」

「まぁ，まずは相手がいないことには始まらないわよね。私の若い時のように引く手あまただとよいのだけど。」

「そうですね。複数の会社が名乗りを上げてくるケースもありますし，逆に，なかなか買い手がつかないというケースもあります。」

「企業調査というのは，身元調査みたいなもの？」

「はい，おっしゃるとおりです。まぁ，今でも探偵を使っての身元調査を行うという名家もいらっしゃるようですが，婚活でいえば，交際期間ですかね。お互いの性格や考え方について，共有するイメージです。M&Aの場合は，専門家を使って，会社の会計帳簿等の資料を調査することとなります。」

「ずいぶん過激な身元調査ね。複数の会社が名乗りを上げてきた場合には，全社から身元調査されるのかしら？」

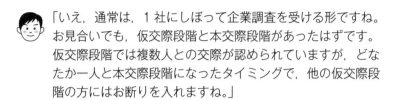

「いえ，通常は，1社にしぼって企業調査を受ける形ですね。お見合いでも，仮交際段階と本交際段階があったはずです。仮交際段階では複数人との交際が認められていますが，どなたか一人と本交際段階になったタイミングで，他の仮交際段階の方にはお断りを入れますね。」

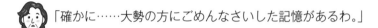

「確かに……大勢の方にごめんなさいした記憶があるわ。」

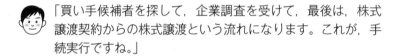

「買い手候補者を探して，企業調査を受けて，最後は，株式譲渡契約からの株式譲渡という流れになります。これが，手続実行ですね。」

「要するに，成婚ということね。」

「まさに，そうですね。」

「うちの会社，どれくらいで売れそう？　できれば，相続税申告よりも前に売りたいのだけど。」

「何とも言えないですね。まずは，売却先探しとなりますが，そのために必要な資料をリスト化しましたので，ご提出をお願いできますでしょうか。」

「資料名見ても，全然わからないわ。総務の山原にお願いするわ。」

「あ，M&Aの話につきましては，従業員の方にはご内密にお願いします。資料については，税理士の縦張先生にご協力を依頼していただければと思います。」

「え，なんで？　山原に頼んだ方が早いじゃない。」

「M&Aの話が事前に漏れてしまいますと，社内が混乱する恐れもありますので，通常は，手続を実行するまで水面下で行っていただく形となります。」

「そうなんだ……，じゃあ，縦張先生にお願いすればいいのね。でも，縦張先生が協力してくれなかったらどうするの？」

「縦張先生は，M&Aの経験も豊富なので大丈夫かと思います。税理士の先生のなかには，M&Aに非協力的な方もいらっしゃるのですが，今回は縦張先生でよかったです。」

「へえ～そうなのね。じゃあ，私は何もしなくてもよいのかな。」

「いえいえ，税理士の先生でも取得できない資料については，奥様に資料をご準備頂くこととなります。」

「え～そうなの……面倒ね。」

「M&Aの手続が進めば進むほど，必要な資料も増えていきますので，色々と大変になりますよ。特に，企業調査については，提出された資料に基づいて専門家から色々な質問が来ますので，1つずつ回答していかなければなりません。」

「私に対応できるかしら……。不安になってきたわ。」

「税理士の先生と協力していきながら，1つずつ解決していきましょう。夜に，会社に忍び込んで資料を準備したりする

ともありますよ。」

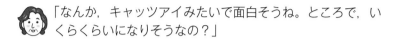「なんか，キャッツアイみたいで面白そうね。ところで，いくらくらいになりそうなの？」

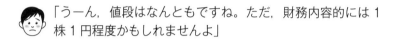「うーん，値段はなんともですね。ただ，財務内容的には1株1円程度かもしれませんよ」

「ええぇ……そんなの二束三文じゃない。売る意味ないわよ。」

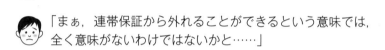「まぁ，連帯保証から外れることができるという意味では，全く意味がないわけではないかと……」

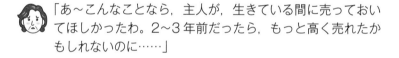「あ～こんなことなら，主人が，生きている間に売っておいてほしかったわ。2～3年前だったら，もっと高く売れたかもしれないのに……」

「こんな形で，身売りとなるとは……」

「果たして，身売りできるかどうかは神のみぞ知るですがね。」

「どういうことだ？」

「逆に聞きますが，経営者が突然死して，経営経験が全くない後継者が会社を継ぎ，社内は混乱状態……の会社，買いたいですか？」

「まぁ，私なら買わないな。よっぽどの「何か」がないかぎり……あっ。」

「ご理解頂けましたか？　このような状況では，買い手がつきにくいんですよ。」

「天内インダストリーには，どこにも負けない技術力があるが……妻には理解できんだろうな。」

「社長が自ら売却されるのであれば，何とかなったかもしれないですが……」

「会社を売ろうなんて考えたこともないよ。」

「売らないのであれば，事業承継対策を進めるべきでしたね。まぁ，後の祭りですが……。経営者亡き後の M&A はハードルが高いですから。」

「どんなハードルがあるんだ？」

「まずは，資料の準備ですね。社長であれば，鶴の一声で何でも集められるかと思いますが，今の奥様では難しいですよね。次に，企業調査の対応ですね。専門家が入って，より細かな資料が求められるとともに，会社の実情に関する質問に回答しなければなりませんが……，奥様にそれを要求することは難しいですよね。社長なら簡単に対応できたかと思いますが。」

「会社のことを一番理解しているのは私だからな。」

「最後に，会社の評価ですね。会社の実情に合わせた市場価格を，ご遺族がきちんと理解してくれるかどうか……会社の実情を知らないご遺族が，売却価格に固執されると面倒にはなりますね。」

「うーん，生きている間に，私が売っておけばよかったな……」

「事業承継しないのであれば，それが賢明でしたね。時すでに遅しですが……」

1 遺族が知っておくべき会社の売り方

■ はじめに

経営者が突然死した場合，創業家では会社の事業継続が困難である等との理由から，第三者へ会社が売却されるケースはよくあります[1]。

以下では，一般的なM&A[2]による会社の売却方法の流れについて，解説します。

② 中小企業のM&Aの方法

中小企業のM&Aにおいては，以下の方法が利用されることが一般的です。なお，会社の事業経営や会社の借入金にかかる連帯保証債務から離脱したい経営者の遺族にとっては，①の方法で会社を売却する形を模索する形となります。

---

1 実際に「売れる」かどうかは，会社の事業内容，業績，将来性等によります。なお，一概に，赤字だから売れない，債務超過だから売れない等というものではなく，最終的には会社の実情を反映した価格次第となります。

2 M&Aは，「Mergers（合併）&Acquisitions（買収）」の略称です。M&Aと聞くと，大企業同士の合併をイメージされる方も多いですが，中小企業の会社売却の際にも，M&Aという用語が使用されることが一般的です。

①　株式を譲渡する方法

　　経営者から相続した株式をすべて第三者へ売却する方法です。

　　会社を丸ごと売却するようなイメージとなります[3]。

②　事業を譲渡する方法

　　会社の事業の一部（例えば，優良な一事業部のみ等）を第三者へ売却する方法です。

　　会社の一部を切り売りするイメージとなります[4]。

3 中小企業の M&A の流れ

　中小企業が M&A を行う際の一般的な流れは，以下のとおりです。なお，「会社を売りたい」と思っても，すぐに売ることはできません[5]。以下のようなプロセスを着実に進めていく必要があります。

3　一般的には，会社の株式をすべて（100 %）譲渡することとなります。そのため，創業家が会社の株式を 100 %保有していない場合には，他の株主と交渉のうえ，他の株主から株式を買い取らなければならないケースもあります。

4　業績の良い事業部門だけを②の方法で売却し，その売却資金で廃業するという手法も考えられます。

5　ケースバイケースですが，どんなに早くても2か月はかかるものといえます。

	M&A 取引の流れ	M&A 取引の概要
①	売却先（買い手）探し	経営者やその遺族が，自分たちだけで会社の売却先（買い手）を探すには限界があります。そこで，M&A の仲介を専門とする仲介業者等へ依頼し，会社の売却先（買い手）候補者を探してもらうのが一般的です[6]。
②	秘密保持契約締結	会社に興味を持つ買い手候補者が現れた場合，会社（売り手）と買い手候補者の間で，秘密保持契約を締結し，具体的な交渉を開始します。
③	M&A の交渉	秘密保持契約後，M&A の条件等に関する交渉を行います。 両者の間で，ある程度条件等が固まった段階で，基本合意書を締結するケースが一般的です。
④	企業調査の実施	最終交渉前に，売却対象となる会社（売り手）の実情等を調査する目的で，企業調査が行われるケースが一般的です。
⑤	最終交渉	企業調査によって明らかになった結果等をもとに，買い手候補者と会社（売り手）において，M&Aの最終条件等を協議します。
⑥	最終合意	当事者双方において，M&A 取引の最終条件等の折り合いがつけば，最終契約を締結し，M&A 取引が実行されます。

6　運という要素も強く，1年経っても買い手が見つからないというケースもあります。

ア 売却先（買い手）探し

M&A（会社売却）は，売却先（買い手）候補者が見つからなければ，スタートラインにすら立てません。そのため，仲介業者等のマッチング能力は，非常に重要となります。

M&A取引に関しては，日本中の会社の売買に関する情報（M&A情報）を網羅的に確認できるような共通検索システムのようなものは存在しません。そのため，仲介業者等は，自社のネットワーク等を利用し，独自のルートで，売却先（買い手）候補者を探すこととなります。

仲介業者やM&Aの規模にもよりますが，中小企業のM&A仲介の場合，着手金として50〜100万円程度，成功報酬として取引金額の何％（最低でも数百万円）といったケースが多いようです。

イ 秘密保持契約締結

M&A取引において，「秘密情報の保持」は最重要事項の1つです。

一般的に，会社売却が交渉されているという情報が事前に漏れてしまうと，「経営状態の悪化」や「乗っ取り」等といったうわさが広まり，会社の事業運営に重大な支障[7]が出る恐れがあります。

また，M&Aにおいては，会計情報や顧客リスト等といった多くの機密情報がやり取りされるため，こういった機密情報が流出・流用等されないよう，対処する必要があります。

このような理由から，会社（売り手）と買い手候補者との間で，実際にM&Aの交渉を開始する段階で，秘密保持契約が締結されるこ

---

7 最悪の場合，M&Aに反対する従業員の離職や取引先からの取引条件の変更等に発展する恐れがあります。

ととなります。

　なお，仲介業者が間に入る場合には，双方が仲介業者を間に挟んでの秘密保持契約を締結するケースが多いようです。具体的には，会社（売り手）と仲介業者が秘密保持契約を締結する一方で，仲介業者と買い手候補者が秘密保持契約を締結し，仲介業者を挟んで双方が秘密保持契約を締結する体裁を取る形となるようです。

　ただ，秘密保持契約を締結しても，実際に機密情報を流出・流用された場合に，損害賠償請求を行うことは難しいのが実情です。裁判において，「買い手候補者が，機密情報を流出・流用し，会社に損害が発生した」事実を客観的な証拠をもって立証していくのが難しいためです。

　そのため，実際には，そもそも情報開示を行う相手方（買い手候補者）を慎重に判断する必要があるといえるでしょう。

ウ　M&A の交渉

　M&A の交渉においては，会社の譲渡価格から売却方法（M&A スキーム），取締役等の役員の処遇，企業調査の方法等，様々な取引条件について協議を行うこととなります。

　また，交渉過程において，会社（売り手）と買い手候補者の面談（いわゆるトップ面談）や現地の視察等を行い，数字に表れてこない経営理念，事業の方向性や会社内の様子等を確認します。

　買い手候補者が複数いる場合には，これらの交渉を同時並行で行うこととなりますが，通常，会社（売り手）において買い手候補者を最終的に1社にしぼり，最終合意に向けた基本合意書を作成します[8]。

　基本合意書は，最終合意のたたき台となるもので，企業調査未了段階における取引条件や企業調査の方法，M&A のスケジュール等

が盛り込まれます[9]。なお，買い手候補者が複数いる場合等には，買い手候補者に独占交渉権を与える趣旨の条項が盛り込まれることがあります。この場合，一定期間，他の候補者との交渉等が禁じられる点に注意が必要です。

エ　企業調査の実施

上記M&Aの交渉過程でも，会社（売り手）から買い手候補者に対し，検討資料として様々な資料が提供されます。しかし，検討段階にすぎない買い手候補者に対し，会社（売り手）から重要な機密資料まで開示されるケースは多くはありません[10]。基本合意書等を締結し，M&Aの実現可能性が高まった段階になって，初めて開示される資料も多いのが実情です。

このようなタイミングにおいて，最終的な意思決定に資するため，会社（売り手）から開示されるすべての資料を基に，公認会計士や弁護士等の専門家を交え，財務，法務や労務等といった様々な観点から，売却対象となる会社の実情等に関する企業調査[11]が行われます[12]。

8　中小企業のM&Aにおいては，基本合意書を作成せず，次のプロセスに進むケースもあります。

9　基本合意書については，専門家にレビューしてもらうことが望ましいといえます。

10　会社（売り手）側として，どの段階でどこまでの資料を開示するかどうかは，慎重に判断すべきといえます。

11　このような企業調査は，買収監査（デューデリジェンス）と呼ばれます。

12　このような企業調査を実施せずに，M&Aを行うケースが稀にありますが，トラブルに発展するケースが多く注意が必要です。

オ　最終交渉

通常，上記企業調査においては，売却対象となる会社（売り手）に関する様々な問題点が発覚します。

これらの問題点を一つ一つ解決していきながら，会社（売り手）と買い手候補者との間で，最終取引条件につき，協議を行うこととなります。なお，企業調査の結果を受けて，M&A取引が中止になることも珍しくはありません。

カ　最終合意

会社（売り手）と買い手候補者との間で，上記最終交渉がまとまれば，契約書[13]を取り交わし，株式譲渡等の手続が実行され，晴れて会社の売却が完了となります。

❷　経営者の遺族に立ちはだかるM&Aの３つの壁

◼ はじめに

経営者の遺族によるM&A（会社売却）であっても，基本的には，上記のような流れでM&A取引を行うこととなります。

経営者の遺族がM&A取引を行う際に立ちはだかる，３つの壁について解説します。

13　契約書等の書面については，様々な取引条件が盛り込まれるため，専門家にチェックを受けることが望ましいといえます。

② 1つ目の壁（資料を準備できない）

ア　M&A取引で要求される，膨大な会社資料

　M&A取引においては，膨大な会社資料の準備が要求されます。M&A取引の段階が進むにつれて，その範囲は大きく拡大していきます。

情報提供段階	マッチング段階	企業調査段階

① 情報提供段階[14]

　通常，仲介業者等において，売却先（買い手）候補者を探す場合，匿名処置を施したうえで，売却対象となる会社の情報（以下，「ノンネームシート」といいます）を，買い手となりそうな候補者へ提供します。

　この候補者が買収に興味を持ち，具体的な話に進む段階で，会社（売り手）との間で秘密保持契約を締結し，会社名とともにより具体的な情報（以下，「企業概要書」といいます）を提供することとなります。

　ノンネームシートや企業概要書を作成するため，仲介業者等に対し，定款や株主名簿等といった資料や決算書類等を提供することとなります。なお，特に「企業概要書」において，どこまでの情報を開示するかどうかについては，十分に注意をする必要があります[15]。

---

14 「売却先（買い手）探し」から「秘密保持契約締結」後までの段階をいいます（P138）。

② マッチング段階[16]

　秘密保持契約を締結し，具体的に M&A の交渉を行っていくなかで，売却先（買い手）候補者から，別途資料の提供を要求されることがあります。

　売却先（買い手）候補者の立場からすれば，基本合意書等を締結する前に，なるべく多くの情報を入手して，M&A 実行の判断に役立てたいと考えるでしょう。基本合意書等を締結してしまえば，仲介業者等への報酬とともに，企業調査にかかる専門家への委託費用も発生するため，費用面からも，情報収集に関する意向は強いといえます。

　一方で，会社（売り手）の立場からすれば，なるべく会社の機密に関わる情報については，基本合意書等を締結してから提供したいと考えるのが一般的です。ある程度の確度を持った状況で，機密情報を出したいと考えるためです。

　資料提供の範囲については，仲介業者等や専門家との協議のうえ，十分に注意する必要があります。

③ 企業調査段階

　基本合意書等を締結し，企業調査を行う段階となると，上記①，②の段階とは比べ物にならない範囲の資料が必要となります。

　例えば，財務面でいえば，各会計数値の根拠となる証憑等（銀行残高証明書や請求書等の細かな資料も含みます），法務面でいえば，各取引先との基本契約書類や許認可にかかる資料等といった細か

15　ある程度の情報を開示しなければ，買い手がつきにくい一方で，この段階で機密情報を開示してしまうと，事業継続に支障がでる恐れがあります。

16　「秘密保持契約締結」から「M&A の交渉」までの段階をいいます（P138）。

な資料まで要求されます。

　しかも，基本合意書等の締結から，1〜2週間での準備が求められるケースも多く，情報収集作業は非常に困難を極めます。

イ　資料準備の難しさ

　創業経営者が存命中の一般的なM&Aの場合，経営者はほとんどの資料の所在などを把握していますし，鶴の一声で難なく[17]資料を揃えることが可能です。

　しかし，経営者の死後，その遺族が同じことをやろうとしても上手くはいきません。特に，経営に全く関与していなかった遺族については，一から，資料の所在などを確認する必要があります。

　また，資料の準備の際には，M&Aのことを従業員に悟られないようにする必要があります。

　ここに，経営者突然死後のM&Aの難しさがあります。

ウ　対応策

　M&Aに向けた資料準備においては，会社の顧問税理士の協力が必要不可欠です。

　早い段階から，M&Aにつき相談に乗ってもらい，資料準備につき，協力を仰ぐとよいでしょう。

　なお，顧問税理士によっては，顧問契約が解消されてしまうかもしれない等との理由から，M&Aに非協力的なケースもあります。その場合には，外部専門家に，遺族による事業承継を支援する等といった自然な形で会社のなかに入ってもらう等の対応を検討すると

17　もちろん，資料の量が多ければ大変なことに変わりありません。

よいでしょう。

③ 2つ目の壁（企業調査への対応ができない）

ア　企業調査とは

　M&A取引にあたり，苦労して必要資料をかき集めても，すぐに「企業調査への対応」という第2の壁が立ちはだかります。

　企業調査とは，上記のとおり売却対象となる会社の実情を把握するために行われる現地調査であり，M&A取引のなかでも非常に重要なプロセスとなります。

イ　企業調査への対応

　企業調査の内容は多岐にわたりますが，中小企業のM&Aにおける企業調査においては，財務デューデリジェンス（以下，「財務DD」といいます）と呼ばれる調査が行われるケースが一般的です。

　財務DDとは，会社（売り手）から提出された財務数値の正確性等を判断し，売却対象となる会社の実情等を把握するもので，主に会計士が担当する調査となります。

　財務DDが行われる場合には，直近の会計期間に関する会計帳簿（総勘定元帳等）から各数字の根拠資料等（例えば，各取引銀行の通帳や残高証明書等），あらゆる財務資料の提出が要求されるとともに，各勘定科目の増減理由や根拠資料との整合性等のポイントにつき，細かくチェックがなされ，適宜質問により確認がなされることとなります。

　創業経営者であれば，難なく対応できるケースも多いですが[18]，経営者の遺族にとっては，総務部等の経理担当者に怪しまれないよ

うに，これらの資料を準備するだけでも非常に大変です。しかも，財務DDにおいては，資料を提出するだけでは終わらず，提出資料に基づき，各調査担当者から何十，何百といった質問が行われることとなります。これらの質問に対し，会社（売り手）側としては，すべて事実関係等を確認のうえ，回答しなければなりません。

ウ　対応策

企業調査（特に，財務DD）の対応については，資料準備と同様，顧問税理士の協力が必要不可欠です。

顧問税理士が記帳代行まで担当している場合には，直接，情報提供を受けることが可能ですが，会社内で経理処理をしている場合には，総務部の経理担当者の協力も必要となります。ただし，経営者遺族と経理担当者との関係次第では，怪しまれてしまう可能性もありますので，適宜，顧問税理士を介して経理処理の確認を行う等，状況に応じた対応も必要です。

4　3つ目の壁（会社をいくらで売ればよいかわからない）

ア　売り手の最後の悩み

資料準備・企業調査を乗り越えた後は，最終交渉という最後のハードルが待っています。

上記のとおり，最終交渉においては，企業調査によって明らかになった結果等をもとに，買い手候補者と会社（売り手）において，

18　創業経営者であっても，M&Aの事実を秘して，総務部や経理部等に協力を要請するのが一般的です。

M&Aの最終条件等を協議することとなります。

最終交渉において，売り手である遺族が一番困るのは，「会社をいくらで売ればよいのかわからない」という点でしょう。

イ　会社の評価額とは

残念ながら，会社の評価額（価値）を客観的に測定する絶対的な基準というものは存在しません。

そのため，各当事者が納得できる金額を協議により決定する必要があります。なお，会社の評価額の算定については，例えば，役員報酬の5年分や営業権（のれん）として営業利益の5年分等といった理論的な評価方法によらずに算定されることも多いのが実情です。

ウ　対応策

経営者の遺族によるM&Aの場合には，そもそも値段がつかない（1株あたり1円）ケースもありますが，売却先（買い手）候補者からの値段の提示があった場合には，その計算根拠について確認されるとよいでしょう[19]。その計算根拠に納得できれば，その金額をベースに最終交渉を行い，納得できなければ，自身で他の株式評価にかかる専門家に依頼して，改めて自社の価値を評価してもらう方法も考えられます。ただし，株式評価算定には，最低でも40〜50万円程度の費用が掛かるため，コストとの見合いで検討する必要があります。

19　仲介会社がいる場合には，仲介会社の担当者とも相談のうえ，評価額について検討するとよいでしょう。

20 Column
M&A 取引の最終条件について

　譲渡価格以外にも，M&A取引にかかる最終条件は多岐にわたります。これらの最終条件については，最終契約書に落とし込みがなされるものですので，契約の際は，M&Aの専門家に契約書のレビューを依頼されるとよいでしょう。

21 Column
M&A による事業承継のきっかけ

　経営者が，「会社を売却しよう」と思い立つきっかけは様々です。

　会社売却のきっかけとして，意外に多いのが，「経営者への余命宣告」です。経営者が余命○か月と宣告されてしまったため，慌ててM&Aで会社を売却するというケースは，私自身も何度も経験しています。

　本書の想定する「経営者突然死」の状況よりも，創業経営者が対応可能なため，M&A取引はスムーズに実行できますが，時間的な制約が存在するため，最終交渉においては圧倒的に不利な状況に立たされてしまう可能性があります。そのような状況になる前から，じっくりと腰を据えて対応したいものですね。

3 補講―寝た子を起こす M&A―

1 はじめに

　誰でも，寝た子を起こしたくはないものですが，M&Aにおいて

は，会社内で眠っていた問題が，蒸し返されたり，議論を呼んだりしてしまう可能性があるため，注意が必要です。

❷ なぜ，「寝た子を起こす」のか？

M&A においては，上記のとおり「企業調査」が行われます。

公認会計士や弁護士等の専門家が，会社内部の調査を行うことで，経営者ですら認識していなかった問題や臭い物に蓋をしていた問題等が掘り起こされてしまうことがあります[20]。

これらの問題等を解決や回避できなければ，買い手候補者としても当然買収に応じることはできません（欠陥住宅と同様，事業活動等に問題を抱えた会社を誰も買いたくはありませんよね）。

そのため，従前会社内で眠っていた問題を，M&A に向けて解決せざるを得ず，結果として，寝た子を起こさざるを得ないことになってしまいます。

❸ どのような問題が多いのか

うちの会社に，そんな「眠っている問題なんてないよ」と思われる方も多いでしょう。

M&A の企業調査において，よく取り上げられる問題についてまとめてみました。

20　もちろん，専門家以前に買い手候補者において発見されることもあります。

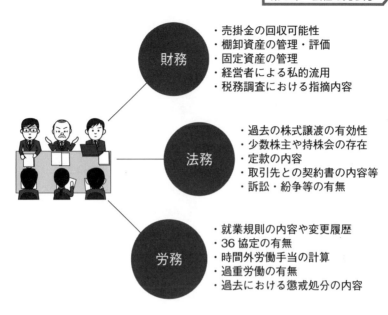

・売掛金の回収可能性
・棚卸資産の管理・評価
・固定資産の管理
・経営者による私的流用
・税務調査における指摘内容

財務

・過去の株式譲渡の有効性
・少数株主や持株会の存在
・定款の内容
・取引先との契約書の内容等
・訴訟・紛争等の有無

法務

・就業規則の内容や変更履歴
・36協定の有無
・時間外労働手当の計算
・過重労働の有無
・過去における懲戒処分の内容

労務

4 対応策

M&Aで,「寝た子を起こす」ことのないようにするためには, 生前から「眠っている問題」を見つけ, 解決することが重要です。

問題発見　　問題分類　　問題解決

　まずは, 会社内に, 経営者も認識できていない問題がないかどうか, 問題の棚卸をする必要があります。そのため, M&Aの企業調査等の専門家に依頼する等して, 会社が抱えている問題を洗い出してもらうとよいでしょう。

　次に, 会社の抱える問題を, 以下のように分類します。このよう

に分類することで，問題解決の優先度を定めることが可能となります。

	M&Aへの影響が 小さな問題	M&Aへの影響が 大きな問題
解決に時間がかからない問題	④	②
解決に時間がかかる問題	③	①

　最後に，M&Aへの影響が大きな問題を中心に，専門家等と連携を図りながら，1つずつ解決していくこととなります。生前から「問題の先送り」をすることなく，万が一の場合に備えて，解決に努めることが重要といえます。

「(ピピピピッ……) さて，そろそろ時間が迫ってきているのですが……」

「え，時間って何？」

「こうしてお話ができる時間です。」

「そんな……私の会社はどうなるんだ？　家族は？　従業員は？　今後，どうなるんだ？　ねえ，ちょっと……待って……」

■ピピピピ・・・・！

■けたたましい目覚まし時計の音が遠くで聞こえる。何かやけにまぶしい。

天内「くれよーーー……え？　なんだ……あれ，家のベットだ……あれ，生きてる？」

■ベットのなかから手を伸ばして目覚まし時計を止め，自分のほほを思いっきりはたいてみた。

「い……いてぇ……え，生きてる？　本当に，夢だったのか……」

■遠くから，妻の不機嫌な声がする。

松子 「ちょっと，今何時だと思っているのよ。会社に遅れるわよ。」

「松子！　ちょっと，私の頭を叩いてくれないか。」

「どうしたの？　急に……じゃあ，積年の恨みと共に……」

■バチン！

「いてぇ！　何の恨みだよ……。いや……いいんだ……ありがとう。」

■そうつぶやく社長のほほには，一筋の涙が流れていた。

■家を出ると，駅までの道すがら，SP生命保険の山本の携帯に連絡を入れた。

山本 「あ～もしもし，天内社長。どうしたんですか，こんな朝早くに……珍しいですね。」

「お－山本さん，おはよう。ところで，この前，解約するって手続した保険って，解約のキャンセルってできる？」

「え？　解約の手続って何の話ですか？　先日解約したいという話でしたが，まだ手続していませんので大丈夫ですよ。」

「ありがとう。記憶違いかな。あと，契約者貸付の話あったよね。あれについて詳しく聞きたいんだが，今日午後会社に来れるかな？」

「午後３時以降でしたら，お伺いできます。」

「ありがとう，ではまた３時に。」

■朝礼後，東尾工場長と山原総務部長を社長室へ呼び出した。

「今日から，事業承継に向けた対策をやっていきたい。」

「えっ？　どうしたんですか？　突然……」

山原

「いや，今朝，自分が突然死する夢を見てな……正夢になるかもしれないからな。」

「またまた，縁起でもないことを……」

東尾

「いや，『縁起でもない』と見て見ぬふりをすることが，もっと縁起でもない結果を生むんだよ。」

「はぁ……」

「まず，私がやっている経営管理に関する業務以外の日常業務については，１か月以内に引き継ぎたい。特に，資金繰りの管理については，山原君，早急にスイッチしたい。資金繰りの管理方法については，私から税理士の縦張先生に連絡をしておくから，縦張先生と協力して対応してほしい。そのほかの業務についても，順次引き継ぐから，そのつもりで。」

「社長，大丈夫ですか……」

「頭はボケていないはずだ。あと，万が一のときの後任については，息子を説得してみる。」

「はぁ……」

「あと，万が一の際の社葬についても，社葬取扱規程を作りたいので，山原君，調べておいてくれないか。」

「はい。かしこまりました。」

「しばらく，酒は断つつもりだが，万が一の際には頼んだぞ。」

「社長が……酒を断つ……雪でも降るんじゃないかな……」

■工場長と総務部長との打ち合わせの後，顧問税理士の縦張先生へ連絡を入れた。

縦張「今日はどうされたんですか？　社長自らお電話なんて珍しいですね。」

「ちょっと事業承継対策を本格的にやりたくてね。先生にもご協力をお願いできればと思いまして。」

「事業承継対策！　素晴らしいですね。なかなか，できることではないですよ。」

「まず，総務部の山原に，資金繰りの管理の方法を教えて
やってもらえますか。資金繰表の作り方で構いませんので。
恥ずかしながら，今まできちんとやってきていなかったの
で，是非，ご指導いただけたらと。」

「かしこまりました。」

「あと……従業員には，息子を後継者として説得するとは
言っていますが，正直，息子を説得することは難しいと考え
ています。M&Aって言うんですか，会社を売却したいと思
いますので，こちらについてもご協力をお願いできますか。」

「そこまで具体的に……かしこまりました。懇意にしている
M&A 仲介会社があるので，ちょっと事前相談という形で話
を聞いてみましょう。今度，日程調整しましょう。」

「ありがとうございます。引き続き，どうぞよろしくお願い
致します。」

■帰宅後，妻との夕食にて。

「もしも，俺に万が一のことがあったらさ……」

「どうしたの？　急に……朝からおかしいわね。」

「いや，もしもの話だよ。」

「すぐに保険金請求するわ。」

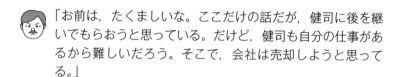「お前は，たくましいな。ここだけの話だが，健司に後を継いでもらおうと思っている。だけど，健司も自分の仕事があるから難しいだろう。そこで，会社は売却しようと思ってる。」

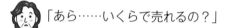「あら……いくらで売れるの？」

「それは，わからないな。まぁ，高値で売れるように頑張るよ。ただ……もしも，会社を売却できる前に，私に万が一のことがあったら，そのときは，売却するまで代表取締役をやってくれないか。」

「え～なんか，面倒くさそう。」

「もしも，会社が売れない場合には，お前には会社の1億6,000万円の連帯保証がふりかかってしまうんだよ。頼むよ。」

「まぁ，そういうことなら。」

「あと，売却するにしても，俺の社葬は必須だからな。面倒だけど，我慢してやってくれ。会社のためにも。」

「まぁ，高値で売るためには仕方ないわね。」

「万が一の時の処理は，工場長や税理士の縦張先生の指示に従ってくれ。ちゃんと，事前対策をしておくから。」

「わかったわ。でも，死なないでね。」

「まだ，死ねないよ……お前を残して死んだら，みんなが大変だからな。」

「ん？　なんか，言った？」

1 経営者がすべき生前対策

■ はじめに

中小企業の経営者が突然死した場合，強制的に「事業承継」がなされることとなり，会社の事業活動ひいては「会社の存続」に重大な影響を与えます。

そのため，このような緊急事態下での事業承継対策（以下，「緊急事業承継対策」といいます）を，平時から検討しておくことは非常に重要です。本節では，緊急事業承継対策について解説していきます。

② 緊急事業承継対策とは

ア 一般的な事業承継対策との違い

緊急事業承継対策は，一般的な事業承継対策（以下，「一般的事業承継対策」といいます）と，以下のような点において異なります。

	一般的事業承継対策	緊急事業承継対策
事業承継のタイミング	経営者の裁量により決定	突発的に発生
検討のタイミング	現経営者が引退を考える時	経営者引退とは関係なく常時
対策の目的	中長期的な会社組織の継続 （継続的な会社の発展）	短期的な会社組織の継続 （急場しのぎ／最悪な事態の回避）
主な対策内容	・後継者の選定・育成 ・中長期的な経営計画の策定 ・相続税対策 ・遺産相続対策　　等	・代表取締役の選任・選定 ・日常業務の引継ぎ ・資金繰対策 ・社葬対応　　等
対策に要する時間	長期間	比較的短期間

　一般的事業承継対策については，通常，現経営者が「引退」を考える時等に検討が開始され，現経営者の「任意」のタイミングで事業承継がなされます。また，中長期的な会社組織の継続（継続的な会社の発展）を目的とし，後継者の選定・育成や中長期的な経営計画の策定，相続税対策，遺産相続対策等を行うため，場合によっては非常に長い期間を要します。

　一方で，緊急事業承継対策については，現経営者の意思にかかわらず，「突発的」に発生する経営者の突然死に対する対策であり，経営者の「引退」の意向等にかかわらず，常時検討しておく必要があります。そのため，「急場しのぎ」や「最悪な事態の回避」を目的とし，代表取締役の選任・選定や日常業務の引継ぎ，資金繰対策，社葬対応等により，会社の事業活動に支障が出ないよう，短期間で対策することとなります。

イ　緊急事業承継対策の意義

　「急場しのぎ」にすぎない緊急事業承継対策に，何の意味があるのか，と思われる方も多いかと思います。

　もちろん，中長期的な視点に立った一般的事業承継対策が重要であることに異論はありません。

　しかし，一般的事業承継対策は，その対策が完了するまでにかなりの時間を要するのが一般的です。この間に，経営者が突然死する可能性はゼロではありません。むしろ，事業承継対策の開始が遅れた場合には，遅れた分だけ，一般的事業承継対策の道半ばで現経営者が死亡する可能性は高まるといえます[1]。

　このため，中小企業においては，一般的事業承継対策に早期に着手する一方で，一般的事業承継対策が完了するまでの間に現経営者が突然死するリスクに備えて，並行して緊急事業承継対策に取り組む必要があります。

3　緊急事業承継対策の具体的な方法

ア　はじめに

　緊急事業承継対策は，上記のとおり，突発的に発生する「経営者の突然死」に備えるものであり，「明日」起こり得る緊急事態への対策を行うものとなります。

　そのため，悠長に時間を割くことはできず，効率的かつ速やかに対策を行う必要があります。

1　厚生労働省が発表している平成30年簡易生命表では，60代での死亡リスクと70代での死亡リスクは，約2倍以上異なるようです。

イ　簡易診断シートによる，自社の状況把握

　まずは，次頁の「事業承継対策・簡易診断シート」(以下，「簡易診断シート」といいます) にて，自社の状況を把握しましょう。

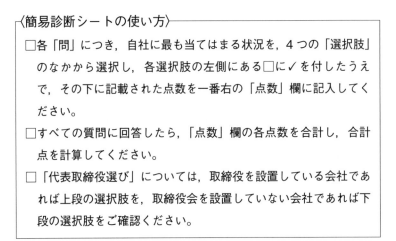

〈簡易診断シートの使い方〉

□各「問」につき，自社に最も当てはまる状況を，4つの「選択肢」のなかから選択し，各選択肢の左側にある□に✓を付したうえで，その下に記載された点数を一番右の「点数」欄に記入してください。

□すべての質問に回答したら，「点数」欄の各点数を合計し，合計点を計算してください。

□「代表取締役選び」については，取締役を設置している会社であれば上段の選択肢を，取締役会を設置していない会社であれば下段の選択肢をご確認ください。

●事業承継対策・簡易診断シート

	問		選択肢		
			A		B
日常業務	経営者の日常業務（資金繰管理業務を除く）について，自社に当てはまるものを選択してください。	□ (25)	経営者は，経営・管理業務のみを行っており，日常業務には一切関与していない。	□ (17)	経営者は，経営・管理業務のほか，日常業務に一部関与しているが，当該日常業務について，引継ぎは必要ない。
資金繰り	資金繰管理業務について，自社に当てはまるものを選択してください。	□ (5)	経営者以外の役員や従業員が，資金繰表を作成・管理しており，経営者を含めた役員等が資金繰りの管理に関与している。	□ (3)	経営者以外の役員や従業員が資金繰表を作成・管理しており，経営者のみが資金繰りの管理に関与している。
	資金繰対策について，自社に当てはまるものを選択してください。	□ (20)	経営者の突然死による資金繰りへの影響を適切に分析し，十分な保証額の生命保険に加入する等の対策を取っており，経営者が突然死しても，当面の資金繰りに全く問題はない。	□ (13)	経営者の突然死による資金繰りへの影響を簡易的に分析し，一定程度の保障額の生命保険に加入する等の対策を取っており，経営者が突然死しても，急場をしのぐことが可能である。
代表取締役選び	会社の組織体制について，自社に当てはまるものを選択してください。	□ (25)	（取締役会設置会社の場合）会社に2人以上の代表取締役が存在する等，現経営者が死亡しても，代表取締役に欠員が生じないような体制がとられている。	□ (20)	（取締役会設置会社の場合）後任の代表取締役が決まっており，取締役会決議等により，速やかに代表取締役の変更を行うことが可能である。
		□ (25)	（取締役会非設置会社の場合）会社に2人以上の代表取締役が存在する等，現経営者が死亡しても，代表取締役に欠員が生じないような体制がとられている。	□ (16)	（取締役会非設置会社の場合）株主数が少数であり，適時に株主総会決議を経て，代表取締役を選任することができる状況にある。
社葬対応	社葬への対応について，自社に当てはまるものを選択してください。	□ (25)	社葬取扱規程が作成されており，社葬に関する基本方針やマニュアル等が明確となっている。	□ (17)	形式的な社葬取扱規程が作成されており，社葬の取扱いに関する一応の取り決めがなされている。

		C		D	点数
☐	(8)	経営者は，経営・管理業務のほか，日常業務に一部関与しているが，当該日常業務について，引継ぎが必要である。	☐	(0)	経営者は，経営・管理業務のみならず，多くの日常業務にも積極的に関与しており，経営者が突然死した場合には，日常業務に支障が生ずる可能性が高い。	/25
☐	(2)	経営者自ら，資金繰表の作成等の管理業務を行っており，他の役員や従業員も，資金繰表等を確認できる状況にある。	☐	(0)	経営者自ら，資金繰表の作成等の管理業務を行っており，他の役員や従業員は，資金繰りに一切関与していない。	/5
☐	(7)	経営者の突然死による資金繰りへの影響を分析することなく，節税目的等の理由により，なんとなく生命保険に加入しているだけで，経営者が突然死したときの資金繰りについては，ほとんど考えられていない。	☐	(0)	経営者が突然死したときの資金繰りについて何らの対策も取っておらず，経営者死亡時に事業資金として利用できる生命保険等にも加入していない。	/20
☐	(10)	(取締役会設置会社の場合)後任の代表取締役が決まっておらず，取締役会決議等により，速やかに代表取締役の変更を行うことができない可能性がある。	☐	(0)	(取締役会設置会社の場合)他の取締役が親族で占められている等，現経営者の死後，経営権をめぐる争奪紛争が起こり，適時に代表取締役を選ぶことができない可能性がある。	/25
☐	(6)	(取締役会非設置会社の場合)株主数が多く，適時に株主総会決議を経て，代表取締役を選任することが難しい状況である。	☐	(0)	(取締役会非設置会社の場合)経営者の親族が会社内に存在し，派閥が形成されており，現経営者の死後，経営権をめぐる争奪紛争が起こり，適時に代表取締役を選ぶことができない可能性がある。	/25
☐	(8)	過去，社葬に関する協議がなされたことはあるが，社葬取扱規程等といった明文化された取り決めは存在していない。	☐	(0)	社葬に関する協議がなされたこともなく，社葬取扱規程も存在しない。	/25
				合計点	/100

165

前頁簡易診断シートは，緊急事業承継対策における主要な4項目につき，自社の状況に当てはまる選択肢を選択することで，自社における緊急事業承継対策の状況を，簡易的に点数化し，可視化するものとなります。

合計点数	緊急事業承継対策の状況
Aクラス（66点以上100点以下）	緊急事業承継対策が適切に講じられています。経営者が突然死した場合でも，適切に対応できる可能性が高いといえます。
Bクラス（33点以上66点未満）	緊急事業承継対策が適切に講じられていません。経営者が突然死した場合に，適切な対応ができない可能性があります。
Cクラス（0点以上33点未満）	緊急事業承継対策が全く講じられていません。経営者が突然死した場合に，適切な対応ができない可能性が高いといえます。

　Bクラス，Cクラスと診断されてしまった会社については，以下のような対応策を早急に検討しましょう。なお，Aクラスと診断された会社についても，上記4項目に限らず，経営者が突然死した場合のリスク等を分析して，「万が一」への対策を継続的に検討する必要があります。

ウ　各項目における具体的な対応策について

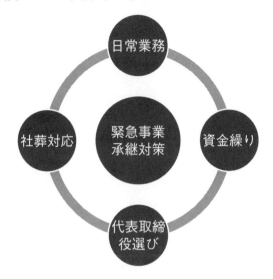

① 日常業務

　経営者は，会社経営に関する業務に専念すべきであり，事業活動における日常業務（「経営・管理業務以外の業務」をいいます）については，積極的に関与せず，他の従業員等へ一任することが望ましいといえます。

　しかし，中小企業においては，人的な制約や経営者の意向等から，経営者が日常業務に積極的に関与してしまっているケースが多いといえます。

　このようなケースで，仮に経営者が突然死した場合には，経営者が担当していた日常業務が停止し，最悪の場合，事業活動に支障が生じる恐れがあります。

　そのため，経営者が担当する日常業務を他の役員や従業員に引き継ぎ，会社経営に関する業務に専念できるような環境づくりを

行う必要があります。

なお，「主要な日常業務についても，自分でやらないと気が済まない」という経営者は，万が一の際に，日常業務に支障が出ないよう，「業務を代替できる従業員（スーパーサブ）」を育成しておきましょう[2]。

② 資金繰り

中小企業における資金繰りの管理は，最も重要な業務[3]の1つです。そのため，経営者のみならず，他の役員や従業員においても，常に会社の資金繰りを管理し，対処できる状況が望ましいといえます。

しかし，中小企業においては，人的な制約や経営者の意向[4]等から，経営者のみが資金繰管理業務を独占し，他の役員や従業員が資金繰りを管理できていないケースも少なからず存在します。

そのため，資金繰表の作成等，資金繰りの把握・管理については，経営者だけで行うことなく，他の役員や従業員（総務担当）も巻き込み，万が一の際においても情報共有できる体制を整える必要があります（P30）。

また，経営者の突然死は，会社の資金繰りに大きな影響を与

---

2 平常時は，経営者自ら日常業務を遂行し，緊急時においては，スーパーサブが日常業務を代行することで，日常業務に支障が出ることを防止することが可能となります。

3 「資金繰りの管理」については，日常業務に含めることも可能ですが，重要性に鑑み，あえて別項目としています。

4 中小企業の経営者において，会社の資金繰事情を従業員に知られたくないという方も多いようですが，少なくとも，万が一の際には資金繰状況をスムーズに共有できるような体制を整える必要があります。

え，最悪の場合，資金繰りが立ち行かなくなってしまう可能性があります。

そのため，経営者の突然死による資金繰りの影響額を検討し，必要なキャッシュを留保する，足りない部分を生命保険でカバーする等により対処することが必要不可欠です。

なお，生命保険の請求には，代表取締役の選任や実印等の準備が必要な点にも注意が必要です（P50）。万が一の際にもスムーズに請求ができるよう，事前準備をしておきましょう。

③　代表取締役選び

経営者の突然死により，代表取締役が不在となった場合には，速やかに後任の代表取締役を選ぶ必要があります。スムーズに後任の代表取締役を選ぶことができなければ，新規取引が制限され[5]，また取引先等の外部からの信用を失う等，事業活動に大きな支障が生ずることとなります。

そのため，代表取締役をあらかじめ2名選んでおくこと[6]や，仮に突然死しても，取締役会決議や株主総会決議によってスムーズに後任の代表取締役を選ぶことができるよう手配をしておく必要があります。

なお，緊急事業承継対策における「代表取締役選び」においては，「後継者としての後任代表取締役」の育成を考慮する必要は

5　代表取締役が不存在となった場合，会社のために契約をする権限を有する「代表者」が不在となるため，新規契約を締結することができなくなります（P64）。

6　代表取締役を2名以上選ぶことは可能です。代表取締役が2名以上存在すれば，仮に1名が突然倒れたとしても，代表取締役が不在となることはなく，会社の業務に支障が生じる可能性は低くなります。

なく[7]，ワンポイントリリーフ（短期）的な就任でも構わないので，とりあえず人選しておくことに意味があります。

④　社葬対応

適切に社葬を執り行うことができない場合，取引先等からの信用を失う等，事業承継に大きな支障が生ずる恐れがあります（P94）。

そのため，社葬対応につき，社葬取扱規程といった社内規定を策定するとともに，具体的な業務の流れ等を記したマニュアル等を策定し，実際に経営者が突然死した場合であっても，スムーズに対応することができる体制を整える必要があります。

22
Column
相続対策と争族対策

　一般的事業承継対策においては，資産税を専門とする税理士が主導し，相続税の節税対策に主眼が置かれるケースも多いものといえます。もちろん，節税対策も非常に重要ですが，相続人間での紛争を極力避けることができるよう，相続紛争対策（いわゆる「争族」対策）についてもあわせて検討しましょう。

7　後継者の育成は，一般的事業承継対策の範疇となります。

23
Column

M&A について

　前述のとおり，経営者の突然死後，その遺族が会社を M&A により売却することは場合によっては非常に難しいといえます。

　後継者が不在のなかで，対応を考えあぐねている場合には，生前から M&A による会社売却を積極的に検討するとよいでしょう。

　生きがいである「仕事」がなくなってしまうと言って，毛嫌いする経営者も多いですが，条件次第では，M&A 後も会社で顧問として勤務することや，M&A で得た金銭で第 2 の創業を目指すことも可能です。

2　経営者の家族がすべき生前対策

■ はじめに

　中小企業の経営者の突然死は，会社のみならず，その家族にも大きな影響を与えます[8]。

　上記のような経営者による生前対策（緊急事業承継対策）を，家族の立場からも促すとともに，家族としても，「万が一」に備えた生前対策を行っておく必要があります。

　本節では，経営者の家族（特に配偶者）が考えておくべき生前対策について解説します。

8　最悪の場合，会社の破産とともに，家族も破産に追い込まれてしまうこともあります。

② 配偶者が考えておくべき生前対策

ア　生前対策の目的

　経営者の配偶者が，自身で十分な収入を得ていない場合（専業主夫・主婦等），経営者の突然死により，生活に必要な収入を失い，その後の生活が立ち行かなくなってしまう可能性があります。

　そのため，経営者突然死後の「生活保障」については，配偶者を含む家族にとって，非常に重要な問題となります。

　以下では，「突然死後の生活保障」に向けた生前対策について解説していきます。

イ　「突然死後の生活保障」に向けた生前対策の方法

　「突然死後の生活保障」に向けた生前対策（以下，「生前対策」といいます）においては，いつ経営者（配偶者）が亡くなったとしても，その家族が「生活していける」体制づくりを行うことが不可欠となります。

　そのため，生前対策においては，以下の流れで，このような体制づくりをしていくこととなります。

必要保障額の見積もり	経営者の財産状況把握	不足分への対応とモニタリング

ウ　必要保障額の見積もり

　まずは，「突然死後の生活保障」に必要な財産（以下，「必要保障額」といいます）を，見積もることから始めます。

　必要保障額については，（今後の）家族の総支出額から（今後の）

家族の総収入額や現時点の貯蓄額を差し引くことで計算することが可能です。

> 必要保障額＝（今後の）家族の総支出額−{（今後の）家族の総収入額＋現時点の貯蓄額}

①　（今後の）家族の総支出額

（今後の）家族の総支出については，経営者の家族のライフステージ[9]により，その金額が異なります。

子どもが既に独立している場合には，経営者死後の家族の生活費や医療費，住宅費（家賃や改修費等を含む）等の合計額を見積計算することとなります。一方で，子どもが成人前であれば，当然，子どもの学費等も考慮に入れる必要があります。

②　（今後の）家族の総収入額＋現時点の貯蓄額

（今後の）家族の総収入については，配偶者が独自に収入を得ている場合のほか，配偶者自身の年金，遺族年金等も考慮することとなります。

また，配偶者において貯蓄がある場合には，貯蓄額も，死後の生活保障に利用できることから，別途考慮の対象となります。

エ　経営者の財産状況把握

経営者の死後，家族が「生活していける」ための生活資金を得る方法としては，以下のとおり，相続による方法と相続によらない方法の2つがあります。

9　年齢に伴って変化する生活段階をいいます。

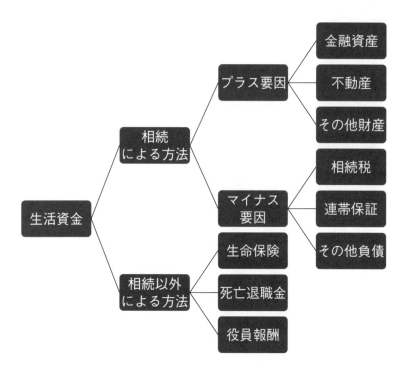

① 相続により生活資金を得る方法

　経営者からの遺産相続により，必要保障額に見合う生活資金を得ることができるかどうかについて，生前から確認をしておく必要があります。

　一般的に，経営者の相続においては，プラス要因のみならずマイナス要因の影響も大きい点に注意が必要です。

● プラス要因

　プラス要因については，金融資産の運用状況や不動産の所有状況（住宅ローンや団体信用生命保険加入の有無を含みます）とともに，会社株式の保有割合や経営者貸付金（経営者が，会社に対

して貸付を行っている貸付金）の状況についても確認をしておきましょう[10,11]。

❷　マイナス要因

マイナス要因については，以下のとおり3つの要因に注意が必要です。

【相続税の支払】

生前から，経営者が突然死した場合，相続税がどれくらいかかるのか，その概算額を確認しておく必要があります。相続税については，死亡日の翌日から10か月以内に確定申告のうえ，原則として現金にて納付しなければならないためです。

なお，配偶者が相続する場合には，「配偶者の税額軽減」といった優遇措置も活用できるため，相続税がかからないケースもあります。

【連帯保証】

中小企業の経営者の場合，銀行からの会社の借入金に対し，個人で連帯保証を行っているケースが非常に多く，この連帯保証についても相続の対象となるため，注意が必要です（P118）。

連帯保証の有無を確認のうえ，保証の対象となっている会社の借入金等の債務が，現在どのような返済状況となっているのか，ある程度把握をしておく必要があります。

なお，会社の借入金について弁済が難しい状況であれば，一般的に，M&Aにより会社ごと第三者に買い取ってもらうか，

10　生活資金として使用する際は，当然現金となりますので，現金以外の財産については，現金への換金のしやすさ等も考慮しておくとよいでしょう。

11　多くの場合，経営者貸付金については，回収可能性がなく，相続税がかかるだけで，むしろマイナス要因となり得る点に注意が必要です。

破産等の手続をするしか手立てがなく，最悪の場合，相続放棄を検討しなければならない状況となるため，注意が必要です。

【その他負債】

　中小企業の経営者においては，友人知人や，はたまた従業員から，個人的に借入を行っているケースもあります。

　死亡後，借用書をもって返済を求めてくる場合がありますので，経営者個人の借入状況について把握しておくとともに，これまでの弁済額についてもあわせて確認をしておく必要があります。

②　相続以外の方法により，生活資金を得る方法

　上記のように，経営者からの遺産相続により生活資金を得る方法が一般的ですが，以下のとおり，相続以外の方法からも生活資金を得ることが可能です。

❶　生命保険

　最もポピュラーな方法として，生命保険金を受け取る方法が考えられます。なお，ここでいう生命保険は，いわゆる法人保険（P50）ではなく，経営者が個人として加入している保険となります。

　経営者が個人的に加入している生命保険の内容を確認するとともに，担当者の連絡先まで押さえておきましょう。

❷　会社からの死亡退職金

　会社から死亡退職金を支給してもらうという方法も考えられます。

　そのため，会社の死亡退職金規程等を事前に確認しておくとよいでしょう。なお，死亡退職金制度があったとしても，会社の資金繰りの観点から，支払う原資がないという状況も考えら

れます。そのため，会社の資金繰状況や法人保険の加入状況等
についても，確認しておく必要があります。

❸　役員報酬

　配偶者が後任の代表取締役となった場合には，役員報酬を得
ることが可能となります。

　会社の状況次第ですが，亡くなった経営者と同程度の水準を
得ることができれば，当面の生活資金を確保することが可能と
なります。ただし，会社経営者の業務は，ただ座っていればよ
いというものではなく，複雑な人間関係のなかで，様々な経営
課題等を解決していかなければならず，それ相応の覚悟が必要
となります。

オ　不足分への対応とモニタリング

　上記のように，必要保障額を算定したうえで，経営者突然死によ
る相続等の影響を調査し，経営者が突然死した場合であっても，十
分な生活資金を得ることができるかどうかについて検証する必要が
あります。

　もしも，十分な生活資金を得ることができない場合には，生活費
の節約による貯蓄とともに，配偶者自ら働きに出る等の対応を検討
する必要があります[12]。

　一方で，経営者の財産や会社の状況については，継続的なモニタ
リングが必要不可欠となります。特に，会社の経営状況次第では，
最悪の場合，相続放棄を検討しなければならない可能性があり，遺

12　経営者の年齢や健康状態次第では，新規に生命保険へ加入することも考えら
　れます。

産相続に大きな影響があるため，モニタリングの必要性は大きいといえます。

　そのため，配偶者において，総務や経理事務等，会社の業務の一部分でも担当し，会社内において，常に会社の状況を把握できるようにしておくとよいでしょう。

24 Column
配偶者のための相談相手

　以上，経営者の配偶者が，経営者の死後の生活を守るために考えておくべき生前対策について解説しました。

　しかし，これらの各対策については，よほどのバックグラウンドを持った配偶者でない限り，1人で対応することは不可能であり，各分野の専門家への相談が必要不可欠となります。

　そのため，経営者の配偶者においては，相続も見据えたうえで，財産管理等について相談ができる相談相手を独自に確保しておくとよいでしょう。

東尾工場長
天内インダストリー株式会社の技術を支える工場長（58歳）
技術以外の事務等にも詳しい。

山原総務部長
天内インダストリー株式会社の総務部長（50歳）
10年前に転職により入社。

補講　緊急事業承継訓練のススメ

東尾
「よし，みんな集まってくれたか？」

山原
「今日は何をするんですか？　管理職まで集めて。」

「実は，今朝社長が亡くなったとの一報が入った。」

「えええ……本当ですか？　昨日まで，あんなに……」

「というのは，嘘だ。」

「はい？」

「すまん，社長は，今日は一日お休みだ。」

従業員
「ちょっと，何なんですか……？　びっくりしましたよ。」

「さて，ここからが本題だ。『社長が亡くなった』のは嘘だが，今から『社長が亡くなった』という一報が入ったということを想定して，ロールプレイング形式の訓練をしてみたい。」

「ちょっと，どういうことですか？　説明してください。」

「みんなに聞きたいが，社長が本当に亡くなったらどうする？」

「どうするって，何をどうすればいいんですか？」

「だから，それを聞いているんだよ。まぁ，まず何をすればよいか困るよな？　私も正直どうしていいかわからない。ただ，今の社長は『生涯現役』とか言って，事業承継の問題を先送りしている。こんな状況下で，社長が死んだら，この会社はどうなるだろう？」

「……危ないと思います……」

「そうだろう。私も家のローンが10年以上残っている。この年では転職もできないだろうし，何とかこの会社で勤めあげたいと思っている。だから，万が一のことがあっても，会社が潰れないように，我々従業員の立場から何とかしたいと考えているんだ。」

「そうはいっても，事業承継なんて経営者の問題でしょう。我々，従業員にはどうしようもないですよ。どんな会社だって，潰れる時は潰れますよ。」

「お前は，まだ若いから転職も可能だろう。もちろん，最終的に，事業承継の問題は経営者の問題だとは思う。ただ，我々従業員にだってできることはあると思う。少なくとも，万が一の際に，「現場」を止めないように対策することくらいはできるんじゃないだろうか？」

「確かに，「現場」で業務をしているのは我々従業員ですもんね。事件は「現場」で起きている……」

「経営者が誰になるかで，経営方針とかが変わると色々と『現場』があおりを食らうことになるかとは思いますが……まぁ，やれと言われればやりますよ。」

「じゃあ，訃報の一報が入った後の我々の動きについて考えてみようか。本当は，実際にロールプレイングでやってみたほうがいいが，今日は初回だから，ちょっと一緒に考えてみよう。まず，取引先への連絡についてはどうしようか。」

「取引先への連絡もそうですが，社内の情報共有の方が先ではないでしょうか。あとは，葬儀の問題もあるかと思います。つい先日，取引先の社長が亡くなったとの連絡がありましたが，葬儀の話とセットで連絡がありましたよ。」

「確かに，社葬は重要だな。社長も，取引先の社葬にはうるさいしな。社葬をするにも，家族との協議が必要だから，とりあえず，この話はペンディングしておこう。」

「連絡する取引先のリストアップはどうしますか？」

「確かに，リストアップは必要だね。死んでからリストアップするとなると大変そうだ。」

「よし，当日の対応については，継続して対策を検討することにしよう。次に，社長が突然死したときの業務上の問題について考えてみようか。製造ラインについては，私が全部担当しているので，社長が倒れても業務に問題はないが，総務

部はどうだろう？」

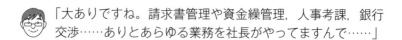「大ありですね。請求書管理や資金繰管理，人事考課，銀行交渉……ありとあらゆる業務を社長がやってますんで……」

「営業としても，社長が担当している案件がありますので，引継ぎが問題となりますね。」

「そうか，社長が日常業務をやってしまっているんだな。よし，社長が担当している業務については，別途洗い出しのうえ，引継ぎの可否を検討しよう。」

「なんか，考えなくてはいけないことがいっぱいありますね。死なれたら困りますわ。」

「わかってはいましたが，社長ってめちゃくちゃ仕事しているんですね。僕にはできないな……」

「今日出た問題を１つずつ解決していこう。じゃあ次に……」

　以上，経営者の突然死に向けた対応策について解説してきました。

　しかし，（こう言っては元も子もないですが）残念ながら，中小企業の経営者のなかで，自分自身の突然死まで見据えて事業承継対策ができる人はごくわずかでしょう。

　「俺は絶対に死なない」「たとえ倒れても，何とかなるだろう」等という「アタマ」になっている経営者を説得して，事業承継対策に着手させることは，至難の業といえます。

　しかし，経営者が突然死した場合には，会社の事業継続に深刻な影響が生じる可能性があり，従業員であっても，「自分には関係ない」と無視できる問題ではありません。

　そのため，会社のナンバー2をはじめ，他の役員や管理職の従業員においても，万が一のケースに備えて，経営者の意向に関わらず，日頃から対策を検討しておく必要があります。

【緊急事業承継訓練とは】

　「緊急事業承継訓練」とは，経営者が突然死するリスクに備えて，万が一そのようなことが発生した場合の対処法等を，事前に協議・訓練するプログラムを指します。

　読者の方の多くは，小学校で，防災訓練に参加した経験があるでしょう。

　防災訓練とは，地震や火災という大きなリスクに備えて，万が一そのようなことが発生した場合にも身体が動くよう「訓練」しておくものだと思いますが，このような趣旨を，中小企業の事業承継に持ち込んだものが，「緊急事業承継訓練」です。

　もちろん，中小企業にとって，地震や火災も大きなリスクの1つですが，中小企業における最大のリスクは，「経営者の突然死」と

いえるでしょう。

　このような最大のリスクである「経営者の突然死」という事態に備えて，万が一の場合に，適切な処理を行えるよう，事前に協議・練習するものが，「緊急事業承継訓練」となります。

【緊急事業承継訓練のやり方】

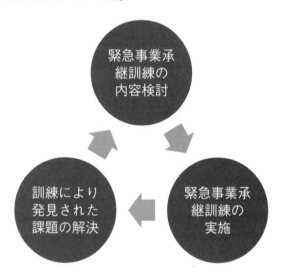

①　緊急事業承継訓練の内容検討

　まず，緊急事業承継訓練を実施するにあたり，企画者において，緊急事業承継訓練の内容を検討します。訓練を行うにあたっては，事前に，以下の項目を決定しておくとよいでしょう。

項目	内容
参加者の範囲	訓練方法にもよりますが，初回は3〜5名程度で行うとよいでしょう。まずは，管理職クラス以上，役員以上を対象とする形が一般的です。 　後述のとおり，回数を重ねることが重要ですので，回数を重ねるごとに，参加者の範囲を広げるとよいでしょう。
訓練場所	訓練に参加する従業員の人数や会社のレイアウト（キャパシティー）にもよりますが，できる限り，訓練にリアリティーを持たせるため，会社内の会議室等のスペースで行うとよいでしょう。 　あらぬ誤解を生まないよう，できる限り他の社員からは遮断された場所で行うことが理想といえます。
訓練方法	基本的には，「経営者が突然死した場合」を想定したロールプレイング形式（各参加者が，経営者死亡という緊急事態下における疑似体験を行う形式）により訓練を行うこととなります。 　具体的には，参加者を会議室に集め，「今朝，社長が亡くなったとの一報が入った」等という想定の下で，今後の方針等を決定する緊急会議を疑似的に開催する方法が一般的です。

② 緊急事業承継訓練の実施

企画趣旨説明 → 訓練実施 → 訓練結果のシェア

　まず，緊急事業承継訓練の実施に先立ち，企画者において，企画の趣旨を参加者に対して，具体的に説明することが重要です。企画の趣旨をきちんと共有しないまま，企画者の一存で訓練を強行しても，参加者による積極的な参加にはつながらず，訓練の効果を期待できません。

次に，事前に決定した内容に沿って，訓練を実施します。ロールプレイング形式の訓練の場合，「場の雰囲気」に左右されることも多いことから，企画者自ら積極的に参加し，範を示すことが重要です。

　最後に，参加者において，訓練によって得られた「課題」等の結果を共有します。訓練において解決できた「課題」については，その解決方法も共有するとよいでしょう。

③　訓練により発見された「課題」の解決

　訓練実施後は，訓練により発見された「課題」で，その場で解決することができなかった「課題」を，1つずつ解決していきます。

　「課題」については，経営者に確認する等により簡単に解決できるものもあれば，経営者を説得しなければ解決できないものもあります。

　必要に応じて，経営者も巻き込みながら，事業承継に関わる「課題」を解決していくことで，会社の事業継続の可能性を高めていくことが可能となります。

25 Column

緊急事業承継訓練の理想的な頻度

　緊急事業承継訓練は，1回実施して，出てきた「課題」を解決すれば終了，というものではありません。会社の状況は，日々刻々と変化していきます。そのため，「課題」自体が新たに発見される可能性も，「課題」に対する「対処法」が変わる可能性もあります。また，「訓練」を繰り返し行うことで，「経営者の突然死」という状況にも，よりスムーズに対応することが可能となります。

　そのため，会社の状況にもよりますが，四半期に1回，最低でも1年に1回のペースで行うとよいでしょう。

26
Column

実は，経営者が主導すべき緊急事業承継訓練

　緊急事業承継訓練について，「縁起でもないことやるんじゃない」等と，毛嫌いする経営者も多いのが実情です。

　しかし，緊急事業承継訓練には，以下のとおり，多くのメリットがあります。

　まず，経営者が突然死した場合における影響の大きさを従業員が体感することで，従業員において，自然と経営者の存在意義や功績を適切に認識することが可能となります。実際，経営者の業務命令の意図が以前より理解できるようになり，業務効率が上がったという事例もあります。

　また，経営者自身が認識していなかった「課題」等を，従業員から吸い上げることが可能となります。社内の問題を一番認識しているのは，社外のコンサルではなく，社内の人間です。「訓練」という場を利用することで，通常吸い上げることができないような「課題」等を吸い上げることが可能となります。

　さらに，経営者亡き後の状況を疑似体験することで，従業員自身の仕事へのモチベーションをあげることも可能です。実際，訓練後において，従業員の働き方が変わったと実感する経営者もいます。

　是非，一度「死んだ」つもりになって，訓練をやってみませんか？

あとがき

　過激なタイトルとなりましたが，「経営者の突然死による緊急事業承継」に向けた対策は，多くの中小企業において真剣に取り組むべき喫緊の課題です。

　「縁起でもない！」と，本書がゴミ箱へ投げ捨てられないか心配ですが，「俺は絶対に死なない」と豪語されている経営者の方はもちろん，そのご家族，会社の後継者，役員や従業員等多くの方にお読みいただき，「万が一」に備えた対策の検討のきっかけにしていただけたら幸いです。

　また，経営者突然死に関わる対策等の情報発信のため，「社長の突然死 .com」というウェブサイト（https://ceosuddendeath.com）を立ち上げましたので，こちらも是非ご覧になっていただけたらと思います。

　本書の執筆にあたっては，原稿を辛抱強くお待ちくださった税務経理協会の小林規明さん，本書執筆のきっかけとなったセミナー講演の機会を頂いた TOMA コンサルタンツグループ(株)の藤間秋男先生，各専門分野から貴重なアドバイスを頂いた，会計士の実務補修所同期の尾中直也先生，(株)資産工学研究所　坂本善博先生，(株)さくら経営　種山直人様，(株)FORM　小和田陽市様，(株)しあわせ相談倶楽部　村田弘子様，(株)ホロスプランニング　山浦芳裕様，ライフエンディングテクノロジーズ(株)　冨安達也様，(株)ニューライフ　辻幸男様，(株)MONET　前野泰章様，(株)中小企業 M&A サポート　奥寺北斗様，司法書士の高橋善也先生，長岡健

太先生，心優しい保険外交員の皆様，校正作業を手伝ってくれた，となりの法律事務所事務スタッフの五十嵐悠哉さん，元秘書の梅田裕佳子さんに，心より御礼申し上げます。

　最後に，大学受験，会計士受験，司法試験受験と，気が付けば受験漬けだった私をずっと支えてくれた両親に感謝の気持ちを述べて筆をおきたい。

令和 3 年 2 月

伊勢田　篤史

【参考文献】

天野佳洋『銀行取引約定書の解釈と実務』経済法令研究会（平成 26 年）

荒井広文『こんな会社が危ない』日経BPM（日本経済新聞出版本部）（平成 4 年）

高窪利一他『手形小切手のことならこの 1 冊【第 4 版】』自由国民社（平成 31 年）

田中亘『会社法【第 2 版】』東京大学出版会（平成 30 年）

松井伸憲『商業登記ハンドブック【第 3 版】』商事法務（平成 27 年）

相澤哲他『論点解説　新・会社法』商事法務（平成 18 年）

山浦美紀他『家族・親族経営会社のための相談対応実務必携～紛争の予防と回避を実現する実践ノウハウ集～』民事法研究会（令和 2 年）

東京弁護士会親和全期会『同族会社・中小企業のための会社経営をめぐる実務一切（第 2 版）』自由国民社（平成 29 年）

東京八丁堀法律事務所『実務解説　中小企業の株主総会―手続と書式―』新日本法規出版（令和 2 年）

田中義幸・北山現『社葬―進め方と税務』税務経理協会（平成 11 年）

三上清隆『中小企業のための社葬マニュアル』清文社（平成 30 年）

碑文谷創『改訂　葬儀概論』表現文化社（平成 15 年）

「最新保存版　総務・人事・秘書必携　社葬のすべて」『講談社 MOOK』講談社（平成 30 年）

上原敬『図解でわかる　戸籍の見方・読み方【第 2 版】』経済法令研究会（令和 2 年）

松原正明『全訂　判例先例　相続法Ⅲ』日本加除出版（平成 20 年）

堂園幹一郎・野口宣大『一問一答　新しい相続法【第 2 版】』商事法務（令和 2 年）

潮見佳男他『Before／After　相続法改正』弘文堂（令和元年）

相続実務研究会『Ｑ＆Ａ 限定承認・相続放棄の実務と書式』民事法研究会（平成 30 年）

【著者略歴】

伊勢田　篤史（終活弁護士・公認会計士）

一般社団法人緊急事業承継監査協会　代表理事

日本デジタル終活協会　代表理事

となりの法律事務所パートナー

私立海城高等学校卒業，慶応義塾大学経済学部卒業，中央大学法科大学院修了

　中小企業の事業承継支援やM&A（簡易法務デューデリジェンス等）といった企業法務を主に取り扱う。また，「相続で苦しめられる人を0に」という理念を掲げ，終活弁護士として，相続問題の紛争予防対策に力を入れている。

　共著に『応用自在！覚書・合意書作成のテクニック』（日本法令），『ストーリーでわかる営業損害算定の実務　新人弁護士，会計数値に挑む』（日本加除出版），『改正民法と新収益認識基準に基づく契約書作成・見直しの実務』（日本法令）

編著者との契約により検印省略

令和3年3月10日　初版第1刷発行　**緊急事業承継ガイドブック**
　　　　　　　　　　　　　　　　　社長が突然死んだら

　　　　　　　　　著　　者　　伊　勢　田　篤　史
　　　　　　　　　発　行　者　　大　坪　克　行
　　　　　　　　　印　刷　所　　美研プリンティング株式会社
　　　　　　　　　製　本　所　　牧製本印刷株式会社

発 行 所　東京都新宿区　　　株式　**税 務 経 理 協 会**
　　　　　　　下落合2丁目5番13号　会社
　　　郵便番号 161-0033　　振替 00190-2-187408　電話 (03)3953-3301（大 代 表）
　　　　　　　　　　　　　　FAX (03)3565-3391　　　　(03)3953-3325（営業代表）
　　　　　　　　　URL　http://www.zeikei.co.jp/
　　　　　　　　　乱丁・落丁の場合はお取替えいたします。

　　Ⓒ　伊勢田　篤史　2021

　　　　　　　　　　printed in Japan

ISBN978―4―419―06779―3　C3034